廖靜白，荷小她 編著

人生多麼痛苦，妳爲何還沒頓悟

手握《金剛經》勇闖職場、心持《法華經》攜手相伴，
讓佛學結合生活，賜予生命自由

所有對生命的叩問，禪皆能以心靈來回覆
對愛執迷不悟、對過往念念不忘、對理想求而不得……
生而為人的諸多苦難，妳該從何而解？
「禪」的哲學並非陽春白雪，以最淺顯的故事貼近靈魂。

本書的三部佛學經典，在禪語的對話中幫妳找到
生命的出路，但願不必爲生命所苦，我們都活得優雅有度！

目錄

前言

第一章　愛情圓覺經

是愛讓人完美……018
放下一切，去愛吧……021
愛人之前先愛自己……024
得到的才是最好的……025
除了相信，妳別無選擇……029
牽牛花吸引不來蝴蝶……031
愛情只是愛的一個分支……032
適可而止的愛情才長久……034
愛情的最高境界是親情……037
愛世界比愛一個人溫暖……038

目錄

愛是給予，永不會失去……041
感情有變當以不變來應……042
失戀是重新幸福的機會……045
一執著，愛就死了……047
愛情只要八分飽……050
分手只是一念之差……052
妳心中還有他嗎……054
回憶是過去的唯一價值……056
何不忘了那個結局呢……058

第二章　相守法華經

朋友般的戀人更易白頭……062
有一種愛叫若即若離……064
找到賴以生存的大海……066

小摩擦讓婚姻更美麗……068
妳為什麼那麼愛生氣……070
可不可以假裝看不見……072
可不可以假裝不記得……073
可不可以假裝聽不見……075
心願是最好的禮物……076
能夠溫暖一生的是家……077
多抽點時間陪陪家人……079
妳明媚，世界就明媚……081
真正的自由源自內心……082
為自己的選擇負責……084
妳的孝等於妳對他的愛……086
出軌是對出軌者的懲罰……088

妳什麼也沒有失去……089
總有一天有人先走……091

第三章　職場金剛經

妳為什麼而工作……095
成長比成功更重要……097
成功是從選定方向開始的……099
可以相信，但別指望……101
求人不如求己……103
時間要花在有用的事情上……105
人際關係是第一生產力……107
同事是妳進步的標籤……109
退步原來是向前……111
責備妳因為看重妳……112

成為大海裡的一滴水……115
給別人為妳而忙的機會……116
打好心中的小算盤……118
失敗是因為自己看輕自己……120
後悔才是最值得後悔的……122
沒有伯樂我依然是千里馬……124
萬物非我所屬但皆為我所用……125
心無外物才能讓人無所察覺……127
失敗是成功的墊腳石……129

第四章　人際因果論

妳對，世界就對……133
相處貴在以心換心……135

目錄

被喜歡從喜歡開始……137
尊重別人的不同……138
讚賞是免費的贈禮……140
種下肯定才能收獲讚美……142
忍受也是有力的報復……143
尊重是巨大的力量……145
沉默是對毀謗最好的答覆……147
不滿別人其實是苦了自己……149
輕視別人等於降低自己……150
責備的最高境界是表揚……152
喚出別人對妳的好印象……154
給予別人愛妳的機會……156
罪過屬於看到罪過的人……158

人人都需要寬恕與被寬恕……159
原諒別人才能超越傷痛……161
莫做熱衷八卦的長舌婦……162
妳不必負全部責任……164

第五章　生平常禪

順其自然好好生活……169
有一味毒藥叫成功……170
不如坐下喝一杯茶……173
每一天都是嶄新的……175
快樂都是微小的事情……177
忘不掉的可以放掉……178
小心來路不明的討好……180
給妳一顆生命膠囊……182

目錄

世上沒有難過的事……185
每個孩子都是金子……186
誰主宰了妳的命運……188
數數妳所擁有的幸福……189
不抱怨的世界最寧靜……191
不比較的人生最安詳……192
自殺不能解決任何問題……194
倒退計劃自己的一生……196
受傷都是自找的……197
快樂痛苦都不如平靜……199
人是一撮有生命的清茶……201
碩果纍纍的大樹最招石塊……203
比全世界五分之三的人幸福……206

問題太多是因為沒有大問題……208

第六章　修身如意禪

要把自己當公主……212
妳就是一座寶藏……215
在任何時候都優雅……217
每個人都是百萬富翁……219
不羨慕的人生……221
把現實理想化……223
慶幸此生我是我……225
一萬個美麗的未來……226
停下來等等靈魂……228
做一個耕耘幸福的人……230
洗盡鉛華　淳樸是真……232

目錄

清潔，而不是潔癖……234
不要把心填太滿……236
掃去心上的落葉……237
修補心靈的漏洞……239
心中有景處處見花開……242
妳可以什麼都不怕……244
糾結都源於一根繩子……245
心態改變妳的二十五歲……247
三十歲是更好的二十歲……249
催人老的不是時間，是等待……251
改變，是我們活著的證明……253
心是一個忽略痛苦的世界……254
所擁有的都會逝去，不如贈人……256

用愛，妳可以得到全世界……………………258

前言

世界之所以美好，是因為有了千姿百態的女人。

一個女人的美麗人生，其實就是真、善、美在一顆心靈中慢慢突顯、奉獻給人類的一生，如同一粒珍珠在蚌殼中經過大海的孕育，沙粒的磨難，慢慢析出自己的精華。女人也將在自然世界上經過時間的洗禮、社會的打磨，然後在生活中一點點綻放自己的至真至純的情感、絕無僅有的溫暖和雋秀永刻的美麗。

一個女人最美麗的一生，大概就是這樣的一個過程。

而在這個漫長的過程中，我們所需的，不僅僅是能與時間賽跑的姣好容顏，更要有水晶球般的智慧。而禪，則是自古以來先人留給我們的智慧的結晶。

在本書中，作者將借助禪語來和女人的靈魂進行對話。從生活到工作，從戀愛到婚姻，從心態到自我，全方面地賦予每一個女人禪語般的智慧和境界，從內到外修養成為一個有禪心的女人。

禪發自於人的內心，就像一朵扎根在妳心靈的蓮花。禪如蓮花在我們內心盛開的過程，就是我們慢慢完善自我、努力幸福的過程。當我們有了禪心，就踏上了走向幸福花園的小徑——在這一路上，就可以運用禪的智慧一點點修正自己，接近完美；一點點改變自己，改變世界；一點點愛別人，愛所有的一切。

現在，請打開這本書，在內心種下一朵蓮花吧。假以時日，蓮花盛開，妳一定也會如蓮花一般，盛開一個最美的自己。

第一章　愛情圓覺經

就像一首歌裡所唱的：「女人，愛是她的靈魂。」這世上為愛情痛苦的女人一定超過了男人，所以女人要懂得如何在愛情「遊戲」中與男人成為平等的對手。

具足重德叫做圓，照破無明叫做覺。作為大乘佛教的經典，《圓覺經》告訴人們如何明心見性，解決人生痛苦煩惱。而在女人的愛情「圓覺經」，作者將告訴妳如何在愛情中充實、圓滿，從而不受困惑、不入迷途。

愛情是女人靈魂的說明書

「我要愛……或是死！」這並非偏執、極端。而是，愛情如此之美，值得我們為之出生入死。愛情是魔法，所有陷入愛情的女人都是美麗的。於是，我們終其一生都在輾轉流離地尋找，迫不及待地陷入。

女人的愛情在很大程度上代表著女人生活的品質，女人的表情是由女人的愛情書寫的。因此，女人不僅會在愛情中找到感覺，同時也透過愛情來展示自己的地位和品位。可以說，愛情是女人靈魂的說明書。

是愛讓人完美

設想一下，假如世界上的每一個人都願意成為妳的戀人，他們一個個站成一排排環繞地球N圈，讓妳來選，妳怎麼選？

也許妳想選出一個最完美的理想情人吧。天造地設的一般，但何為最完美？不要說「最」，世界上從來沒有哪個人是完美的。我們所謂的完美，都是帶著愛的眼光，以愛的名義，讓事物閃耀愛的光輝，從而達到了「完美」的境界。

家明厭倦了獨身生活，他決定娶一個妻子。

家明來到一所位於市中心的婚姻介紹所。一位身穿淺藍色制服的職員對他說：「請您到隔壁的房間去，那裡有許多門，每個門上都寫著您所需要的對象的資料，供您選擇。親愛的先生，您的命運完全掌握在您自己的手裡。」

於是家明向隔壁的房間走去。

裡面的房間有兩個門，第一個門上寫著「終身的伴侶」，另外一個門上寫的是「至死不變心」。家明忌諱那個「死」字，於是邁進了第一個門。接著，又看見兩個門，左邊寫著「美麗、年輕的女孩」，右邊則是「富有經驗、成熟的婦女和寡婦們」。

可想而知，左邊的那扇門更能吸引家明的心。可是，進去以後，又有兩個門。上面分別寫的是「苗條、標準的身材」和「略微肥胖、體型稍有缺陷者」不用多想，苗條的女孩更中家明的意。

家明感到自己好像進了一個龐大的篩選器，在被不斷的篩選著。接下來分別看到的是他未來的伴侶操持家務的能力，一個門上是「愛織毛衣、會做衣服、擅長烹調」，另二個門上則是「愛打撲克、喜歡旅遊、需要保姆」。當然愛織毛衣的女孩又贏得了家明的心。

他推開把手之後，又遇到兩個門。門上分別介紹了她們的精神修養和道德狀態：「忠誠、多情、缺乏經驗」和「有天才、具有高度的智力」。家明邁進了第一個房間裡面。右側寫著「疼愛自己的丈夫」，左側寫著「需要丈夫隨時陪伴」。當然家明需要一個疼愛他的妻子。下面的兩個門對家明來說是一個極為重要的抉擇：上面分別寫的是「有遺產，生活富裕，有一幢漂亮的住宅」和「領薪水過日子」。

理所當然家明選擇了前者。

家明推開了那扇門，天啊……已經到馬路上啦！那位身穿淺藍色制服的職員向家明走來。她什麼話也沒有說，彬彬有禮地遞給家明一個玫瑰色的信封。家明打開一看，裡面有一張紙條，上面寫著：「您已經『挑花了眼』。根本就沒有十全十美的人。在提出自己的要求之前，應該客觀地認識自己。」

從客觀的眼光來看，沒有人是完美的。我們選擇自己另一半，是為了與其共度下半生、尋找幸福，而不是為了尋找一個類似於佛祖或者觀世音的完美聖人。真正的完美，是用愛讓對方變得完美。

另一半為你做飯，手上不小心被菜刀留了疤痕，在別人眼中，那疤痕是如此難看，但是在你眼中，卻是濃濃的愛意的痕跡；別人眼中，另一半的眉眼是陌生的，甚至是不順眼的，但是在你眼中，愛人的眼神充滿了暖暖的愛意，是最美的眼神。愛的最高境界，就是讓對方覺得自己在你眼中是最完美的。如此，因為貪戀於這份完美，所以不能離開妳，就像不能離開自己一樣。

張愛玲說：「生在這世上，沒有一樣感情不是千瘡百孔的。」好在，我們還可以用心中的無盡的愛，來修補這些瘡和孔，修補對方的人生，就如修補自己的人生。

蓮心智慧之完美：真正的完美，是用愛讓對方變得完美。

放下一切，去愛吧

佛說，每一段愛情，都會穿越一個人的三生三世。

我便相信，今生與妳相識、相愛，皆源於前生我們在庭院屋後種下的那棵花樹。

如同今生我在心裡種下那棵。它們開著一樣的花朵，朵朵都是等妳到來的期盼。

我願意用盡三生三世的真情，換來一世的美麗。

佛陀住世時，有一位名叫黑指的婆羅門來到佛前，運用神通，兩手拿了兩個花瓶，前來獻佛。

佛對黑指婆羅門說：「放下！」

婆羅門把他左手拿的那個花瓶放下。

佛陀又說：「放下！」

婆羅門又把他右手拿的那花瓶放下。

然而，佛陀還是對他說：「放下！」

這時，黑指的婆羅門說：「我已經兩手空空，沒有什麼可以再放下了，請問現在祢要我放下什麼？」

佛陀說：「我並沒有叫你放下你的花瓶，我要你放下的是你的六根、六塵和六識。當你把這些通通放下，再沒有什麼了，你將獲得純粹的生命，以此來更純粹地愛人。」

生命之所以美麗，是因為有愛——有了愛，所有的傷害都可以被原諒；有了愛，所有的行為都有了生機勃勃的理由；有了愛，漫長的一生溫暖而明亮。有了愛，我就有了愛你的可能。

但是對於愛，我們總是習慣在別人的心門外徘徊：如果我愛他，他會愛上我嗎？如果我的付出沒有回報，我還值得去付出嗎？他會不會嫌我不夠漂亮不夠優秀？

在我們糾結於反覆顧忌的時候，愛就在時間裡一點點地漏掉，溜走。

為什麼我們的愛不是純粹的，而是充滿著小心翼翼的斤斤計較呢？為什麼我們要受到這些無謂的念想來束縛自己的心？為什麼我們不能勇敢地、毫無顧忌地放下一切地去愛一次呢？

其實，愛的幸福感大多來源於愛別人，而非被愛。只要盡力去愛，總是對的，不管結果是什麼。張愛玲說：「你問我愛你值不值得，可你應該知道，愛就是不問值不值得。」妳根本不用擔心他會不會嫌妳不夠漂亮不夠優秀——愛，足以讓妳在他眼中比別人美好。

我們所做的一切，包括那些糾結的念想，不全都是為了愛嗎？那麼，何不從這一秒開始，放下一切，帶著純粹的心，去開始一場純粹的愛——愛生命，就忽略掉生命的瑕疵；愛別人，就忽略掉愛人的缺點；愛自己，就忽略掉自己的付出。

放下一切，去愛吧！去擁抱生命的美麗吧！

蓮心智慧之純粹：純粹之美育，所以陶冶吾人之感情，使有高尚純潔之習慣，而使人我之見、利己損人之思念，以漸消沮者也。

愛人之前先愛自己

一個女孩淚眼迷離地問流雲禪師：「為什麼我付出了自己的所有去愛他、遷就他，最終還是失去了他？是不是我做得還不夠？」

「哦？那妳說說妳對他做了些什麼？」

「我……」女孩還未開口就淚流成河，「我什麼事情都想著他、幫著他、遷就他，我拋棄大城市優渥的生活跟他來到這座小城市，早上幫他擠好牙膏，晚上為他倒洗腳水，他手指破了一塊皮就像我心頭割了一塊肉……總之，我愛他勝過愛我自己！我願意傾我的所有去愛他！」

「且慢，妳懂得如何去愛他嗎？一個連自己都不懂得愛的人，怎麼會懂得愛別人？」

一個連自己也不知道去愛的人，很可能也不懂得如何去愛別人。自愛源自善意和尊重，缺乏自愛會直接影響我們與他人的關係。其表現主要有：缺乏信心、多疑、不信任他人。假如不愛自己，就沒有能力愛別人。

心性治療師作家素黑說：「要成就一段愛情關係，首先要自愛，妳不愛自己，如何要求別人愛妳？」她解釋自愛的定義，不是從物質上出發，不是買多少華衣美服，或吃多少佳餚便叫愛自己。這種「自愛」是對自己發自內心的愛，能夠自愛，才可昇華去愛別人，或者被人愛。

愛人，首先要愛自己，因為只有珍愛自己，才能讓自己成為愛情中擁有足夠分量的一方，才能給予對方美好的愛情，才能贏得幸福快樂的結局。要愛自己，那就為自己設置一條愛情底線吧，或者妳不願意給心愛的人太多壓力和約束，但是就如同一切權力一樣：妳可以棄而不用，但是妳不可以沒有。

女人只有先愛自己，她才會真正贏得男人的愛。愛自己並不是指自私，而是指女人應該能夠按照自己內心的真實想法，對與自己有關的事情去獨立決定、判斷與取捨。假如妳碰到的是一個真心愛妳的男人，他就不會僅僅考慮他自己的得失，而不顧妳的感受。除非他對妳的愛不夠深、不夠真。因此從這一點來看，女人是否能夠先愛自己，其實與男人無關，更多地取決於女人自己的「覺悟」。

蓮心智慧之完美：要愛人，先要自愛。這是亙古不變的定律。告訴所有正在戀愛和準備戀愛的女人，希望妳們好好愛自己，這樣才能更好地去愛他。

得到的才是最好的

普魯斯特（Marcel Proust）終身都在追憶似水年華，寫下美麗又哀愁的巨著《追憶似水年華》(*In Search of Lost Time*)。讀這本書的時候，正值門掩梨花的盛春，在雨疏風驟的夜晚，擒一盞小燈，翻開書來，偶爾有若有似無的梨花香探進窗臺。書中的所有文字都是有生命的，看在眼裡活在心中演繹著斑斑往事，已失去的是最好的吧，於是一直在找尋失去，結果卻失去了更多；「有夢想誰都了不起」，未得到的是最好的吧，於是不顧一切地追尋，結果卻只是捕風捉影。

在反覆的追尋和失去中明白，原來擁有的，才是最好的。

從前，有一座圓音寺，每天都有許多人上香拜佛，香火很旺。在圓音寺廟前的橫梁上有隻蜘蛛結了張網，由於每天都受到香火和虔誠的祭拜的薰陶，蜘蛛便有了佛性。經過了一千多年的修煉，蜘蛛佛性增加了不少。

忽然有一天，佛祖光臨了圓音寺，看見這裡香火甚旺，十分高興。離開寺廟的時候，不輕易間抬頭，看見了橫梁上的蜘蛛。佛祖停下來，問這隻蜘蛛：「你我相見總算是有緣，我來問你個問題，看你修煉了這一千多年來，有什麼真知灼見，怎麼樣？」蜘蛛遇見佛祖很是高興，連忙答應了。佛祖問到：「世間什麼才是最珍貴的？」蜘蛛想了想，回答到：「世間最珍貴的是『得不到』和『已失去』。」佛祖點了點頭，離開了。

就這樣又過了一千年的光景，蜘蛛依舊在圓音寺的橫梁上修煉，牠的佛性大增。一日，佛祖又來到寺前，對蜘蛛說道：「你可還好，一千年前的那個問題，你可有什麼更深的認知嗎？」蜘蛛說：「我覺得世間最珍貴的是『得不到』和『已失去』。」佛祖說：「你再好好想想，我會再來找你的。」

又過了一千年，有一天，颳起了大風，風將一滴甘露吹到了蜘蛛網上。蜘蛛望著甘露，見它晶瑩透亮，很漂亮，頓生喜愛之意。蜘蛛每天看著甘露很開心，牠覺得這是三千年來最開心的幾天。突然，又颳起了一陣大風，將甘露吹走了。蜘蛛一下子覺得失去了什麼，感到很寂寞和難過。這時佛祖又回來，問蜘蛛：「蜘蛛這一千年，你可好好想過這個問題：世間什麼才是最珍貴的？」蜘蛛想到了甘露，對佛祖說：「世間最珍貴的是『得不到』和『已失去』。」佛祖說：「好，既然你有這樣的認知，我讓你到人間走一遭吧。」

就這樣，蜘蛛投胎到了一個官宦家庭，成了一個富家小姐，父母為她取了個名字叫蛛兒。一晃，蛛兒到了十六歲了，已經成了個婀娜多姿的少女，長得十分漂亮，楚楚動人。

這一日，新科狀元郎甘鹿中士，皇帝決定在後花園為他舉行慶功宴席。來了許多妙齡少女，包括蛛兒，還有皇帝的小公主長風公主。狀元郎在席間表演詩詞歌賦，大獻才藝，在場的少女無一不被他傾倒。但蛛兒一點也不緊張和吃醋，因為她知道，這是佛祖賜予她的姻緣。

過了些日子，說來很巧，蛛兒陪同母親上香拜佛的時候，正好甘鹿也陪同母親而來。上完香拜過佛，兩位長者在一旁說上了話。蛛兒和甘鹿便來到走廊上聊天，蛛兒很開心，終於可以和喜歡的人在一起了，但是甘鹿並沒有表現出對她的喜愛。蛛兒對甘鹿說：「妳難道不曾記得十六年前，圓音寺的蜘蛛網上的事情了嗎？」甘鹿很詫異，說：「蛛兒，你很漂亮，也很討人喜歡，但妳想像力未免也太豐富了吧。」說罷，和母親離開了。蛛兒回到家，心想，佛祖既然安排了這場姻緣，為何不讓他記得那件事，甘鹿為何對我沒有一點感覺？

幾天後，皇帝下詔，命新科狀元甘鹿和長風公主完婚；蛛兒和太子芝草完婚。這一消息對蛛兒如同晴天霹靂，她怎麼也想不通，佛祖竟然這樣對她。幾日來，她不吃不喝，晝思夜想，靈魂即將出竅，生命危在旦夕。太子芝草知道了，急忙趕來，撲倒在床邊，對奄奄一息的蛛兒說道：「那日，在後花園眾女孩中，我對妳一見鍾情，我苦求父皇，他才答應。如果妳死了，那麼我也就不活了。」說著就拿起了寶劍準備自刎。

就在這時，佛祖來了，祂對快要出竅的蛛兒靈魂說：「蜘蛛，妳可曾想過，甘露（甘鹿）是由誰帶到妳這裡來的呢？是風（長風公主）帶來的，最後也是風將它帶走的。甘鹿是屬於長風公主的，他對妳不過是生命中的一段插曲。而太子芝草是當年圓音寺門前的一棵小草，他看了妳三千年，愛慕了妳三千年，但妳卻從沒有低頭看過它。蜘蛛，我再來問妳，世間什麼才是最珍貴的？」

蜘蛛聽了這些真相之後，好像一下子大徹大悟了，她對佛祖說：「世間最珍貴的不是『得不到』和『已失去』，而是現在能把握的幸福。」

愛情只要花開的模樣，好看也好，不好看也罷，只要是這朵玫瑰花，都應該讓花朵盡力盛放。因為，一生一世的花開，如果只為一個人，那對於愛情來說，是一件美妙而幸福的事情啊。

蓮心智慧之惜今：人生只有三天，活在昨天的迷惑，活在明天的等待，只有活在今天最踏實。今天便是每分鐘，如全做好，人生就美妙。

除了相信，妳別無選擇

「他說的是真的嗎？」、「他有對我隱瞞什麼嗎？」、「他對我是真心的嗎？」……

有時候，我們會無緣由地懷疑戀人。也許是因為沒有安全感，也許是因為天生多疑。其實，這都是心中的「魔鬼」在作怪。

雲居禪師每天晚上都要去荒島上的洞穴坐禪。

有幾個愛搗亂的年輕人想捉弄一下他，便藏在他必經的路上，等他過來的時候，一個人從樹上把手垂下來，扣在禪師的頭上。年輕人原以為雲居禪師必定會嚇得魂飛魄散，哪知雲居禪師任年輕人扣住自己的頭，靜靜地站立不動。年輕人反而嚇了一跳，急忙將手縮回，此時，雲居禪師又若無其事地離去了。

第二天，這幾個年輕人一早就往雲居禪師那裡去，他們向雲居禪師問道：「大師，聽說附近經常鬧鬼，有這回事嗎？」

雲居禪師說：「沒有的事。」

「是嗎？我們聽說有人在夜晚走路的時候被鬼按住了頭。」

「那不是什麼鬼，而是村裡的年輕人。」

「為什麼這麼說呢？」

雲居禪師答道：「因為魔鬼沒有那麼寬厚暖和的手啊！」

他接著說：「臨陣不懼生死，是將軍之勇；進山不懼虎狼，是獵人之勇；入水不懼蛟龍，是漁人之勇；和尚的勇是什麼？就是一個『悟』字。連生死都看透了，又怎麼會看不透魔鬼？」

看透心中的魔鬼吧——不過是自己胡思亂想的產物而已。佛家說：「由愛故生憂，由愛故生怖。」

蓮心智慧之悅然：深深相信，妳愛我，只是因為，除了相信，我別無選擇。

牽牛花吸引不來蝴蝶

明明「天生麗質」，要才有才，要貌有貌，卻始終找不到一個如意郎君。是什麼出了問題呢？

想破腦袋，還是不得頭緒。難道，是上天在捉弄人？為什麼我就那麼命苦？

且慢，戲劇上的悲情臺詞先別急著念。我們一起去「拜訪」一位同病相憐者——一個年輕貌美的女子，心心念念的希望自己能有個好歸宿，但是身邊轉來繞去的，總是一些她覺得一點都看不上眼的男子。實在是搞不懂問題出在哪裡，就去找一位得道高僧開示。高僧說：「妳看！圍繞在牆邊那牽牛花身邊的永遠都是蚊子，而花園裡的玫瑰花總有著許多蜜蜂環繞，至於池裡的那朵荷花，則是吸引了蝴蝶。」

高僧說完，飄然而去。

牽牛花引蚊子，玫瑰惹蜜蜂，荷花招蝴蝶。妳想要找一個怎樣的另一半，得先讓自己成為怎樣的人。

蓮心智慧之聰穎：妳想要找一個怎樣的另一半，得先讓自己成為怎樣的人。

愛情只是愛的一個分支

深夜，一個女人去寺裡求佛。佛安坐在蓮池之上，女人站在寺裡問佛。

女人：「聖明的佛，我是一個已婚之女人，我現在狂熱地愛上了另一個男人，我真的不知道該怎麼辦。」

佛：「妳能確定妳現在愛上的這個男人就是妳生命裡唯一的最後一個男人嗎？」

女人：「是的。」

佛：「妳離婚，然後嫁給他。」

女人：「可是我現在的老公對我非常好，我這樣做是否有一點殘忍，有一點不道德。」

佛：「在婚姻中沒有愛才是殘忍和不道德的，妳現在愛上了別的男人已不愛他了，妳這樣做是正確的。」

女人：「可是我老公很愛我，真的很愛我。」

佛：「那他就是幸福的。」

女人：「我要與他離婚後另嫁別的男人，他應該是很痛苦的又怎麼會是幸福的呢？」

佛：「在婚姻裡他還擁有他對妳的愛，而妳在婚姻中已失去對他的愛，因為妳愛上了別的男人，正可謂擁有的就是幸福的，失去的才是痛苦的，所以痛苦的人是妳。」

女人：「可是我要和他離婚後另嫁其他的男人，應該是他失去了我，他應該才是痛苦的。」

佛：「妳錯了，妳只是他婚姻中真愛的一個具體，當妳這個具體不存在的時候，他的真愛會延續到另一個具體，因為他在婚姻中的真愛從沒有失去過。所以他才是幸福的而妳才是痛苦的。」

女人：「他說過今生只愛我一個，他不會愛上別的女人的。」

佛：「這樣的話妳也說過嗎？」

女人：「我——我——我……」

佛：「妳現在看妳面前香爐裡的三根蠟燭，那根最亮。」

女人：「我真的不知道，好像都是一樣的亮。」

佛：「這三根蠟燭就好比是三個男人，其中一根就是妳現在所愛的那個男人，芸芸眾生，男人何止千百萬萬，妳連這三根蠟燭那根最亮都不知道，都不能把妳現在愛的男人找出來，妳為什麼又能確定妳現在愛的這個男人就是妳生命裡唯一的最後一個男人呢？」

女人：「我——我——我……」

佛：「妳現在拿一根蠟燭放在妳的眼前，用心看看哪根最亮。」

女人：「當然是眼前的這根最亮。」

佛：「妳現在把它放回原處，再看看哪根最亮。」

女人：「我真的還是看不出哪根最亮。」

佛：「其實妳剛拿的那根蠟燭就是好比是妳現在愛的那個最後的男人，所謂愛由心生，當妳感覺妳愛他時，妳用心去看就覺得它最亮，當妳把它放回原處，妳卻找不到最亮的一點感覺，妳這種所謂的最後的唯一的愛只是鏡花水月，到頭來終究是一場空。」

原來，一個女人最大的損失，就是離開一個愛自己的人。婚姻中的愛情，都是以親情的形式出現的。愛情只是愛的一個分支，一個階段。一個很小很小的部分。

我們懂得真正的愛，才能活出真的人生。

蓮心智慧之無憂：煙收山谷靜，風送杏花香。永日蕭然坐，澄心萬慮忘。興來美獨往，勝事空自知。行到水窮處，坐看雲起時。

適可而止的愛情才長久

在愛情中，常常會有這樣的對白：「你愛我嗎？」、「你愛我哪一點？」、「這是你的藉口吧！」……有時候，我們總是覺得對方愛自己不夠，總是以為對方說的都是藉口，難怪有人說：「愛得不夠，才藉口多多。」其實，這都是因為，我們太貪婪。

由於太貪婪，什麼都想要，因為想要的太多，就容易產生什麼也沒得到的錯覺，患得患失。就這樣，我們失去心理平衡，也讓愛我們的人越來越累，於是愛情進入了倦怠期，甚至自此永遠倦怠下去。

方丈下山遊說佛法。在一家店鋪裡看到一尊釋迦牟尼像，青銅所鑄，形體逼真，神態安然，方丈大悅，若能帶回寺裡，開啟其佛光，永世供奉，真乃一件幸事。可店鋪老闆要價兩千五百元，分文不能少，加上見方丈如此鍾愛它，更咬定原價不放。

方丈回到寺裡對眾僧談起此事，眾僧很著急，問方丈打算以多少錢買下它。方丈說：「兩千五百元足矣。」眾僧唏噓不已：「那怎麼可能。」方丈說：「天理猶存，當有辦法，萬丈紅塵，芸芸眾生，欲壑難填，則得不償失啊，我佛慈悲，普度眾生，該讓他僅僅賺到這兩千五百元！」

「怎樣普度他呢？」眾僧不解地問。

「讓他懺悔。」方丈笑答。眾僧更不解了。方丈說，只管按我的吩咐去做就行了。

方丈讓弟子們喬裝打扮了一下。

第一個弟子下山去店鋪裡和老闆砍價，弟子咬定兩千元，未果回山。

第二天，第二個弟子下山去和老闆砍價，咬定兩千元不放，亦未果回山。

就這樣，直到最後一個弟子在第九天下山時所給的價已經低到了一千元。眼見那一個個買主，一天天下去，一個比一個價給得低，老闆很是著急，每一天他都後悔不如以前一天的價格賣給前一個人了，他深深地怨責自己太貪。到第十天時，他在心裡說，今天若再有人來，無論給多少錢我也要立即出手。

第十天，方丈親自下山，說要出兩千五百元買下它，老闆高興得不得了——竟然又反彈到了兩千五百元，當即出手，高興之餘另贈方丈龕臺一具。方丈得到了那尊銅像，謝絕了龕臺，單掌作揖笑曰：「欲望無邊，凡事有度，一切適可而止啊！善哉，善哉……」

很多時候，我們就像故事中的店鋪老闆一樣，總是想貪圖更多的愛，要求對方萬無一失地對自己好，直到對方逃離我們才發現自己曾經被愛過。

也許我們應將自己的欲求，降到一個適可的位置上。「無慾則剛」，正是因為沒有了繁雜的欲求，內心反而變得更強大。

記得有人曾說，愛是有生命的，也是需要休息的，每天讓愛「休息」一下，才能有更好的精力去愛人。懂得適可而止的愛情，才能細水長流。

蓮心智慧之自足：天地生一世人，自足了一世事。

愛情的最高境界是親情

前人說，婚姻是愛情的墳墓。後人接著說，如果沒有婚姻，愛情會死無葬身之地。

我們總是不能理解，那麼美好潔白的愛情要經過柴米油鹽的醃製，形同鹹菜；我們不能理解，兩個人之間純純如水晶的愛情要附加上孩子、老人等繁雜的因素，變得像一塊雜色瑪瑙；我們不能理解愛情裡對我們呵護備至的白馬王子瞬時變作不可一世的國王……

石頭問：「為什麼後來在一起的時候，兩個人反倒沒有了以前的那些熱情，更多的是一種相互依賴？」

佛說：「那是因為妳的心裡已經潛移默化中將愛情轉變為了親情……」

石頭摸了摸腦袋：「親情？」

佛繼續說：「當愛情到了一定的程度的時候，是會在不知不覺中轉變為親情的，妳會逐漸將她看作妳生命中的一部分，這樣妳就會多了一些寬容和諒解，也只有親情才是妳從誕生伊始上天就安排好的，也是妳別無選擇的，所以妳後來做的，只能是去適應妳的親情，無論妳出生多麼高貴，妳都要不講任何條件的接受他們，並且對他們負責對他們好。」

石頭想了想，點頭說道：「親情的確是這樣的。」

佛笑了笑：「愛是因為相互欣賞而開始的，因為心動而相戀，因為互相離不開而結婚，但更重要的一點是需要寬容、諒解、習慣和適應才會攜手一生的。」

其實，婚姻是昇華的愛情，是愛情的另一種表現形式——經過茶米油鹽的醃製，愛情會別有風味；瑪瑙有瑪瑙的美麗；國王有國王的溫柔。

如果妳還在愛，愛情就依然存在，只是經過日子的打磨，昇華成了親情。這時的愛情是穩固的，不再是漂泊不定的浮雲，而是賴以生存的抬頭可見的整片天空。是愛情的最高境界。

蓮心智慧之綽約：有的時候，愛到痛處，不是死去活來，不是天崩地裂，不是山盟海誓，而是無言的關心和祝福。愛，就這麼簡略、樸實。它像一杯在我們身邊的白開水，伸手可及，喝了，讓人感到涼爽舒暢。

愛世界比愛一個人溫暖

曼失戀了。那個她幾乎為之付出了整個青春的男子在這個秋天裡頭也不回地兀自走掉了。她有些悲傷，但更多的是沉默。只有在深夜的聊天軟體上，才會找閨中密友喃喃傾訴：

再過幾天就該過生日了，以前的生日，總是有他陪著，什麼不做靜靜待著也好。可是現在……

網路對面的密友說，我給妳講個故事吧——

有好多天，一休和尚獨坐參禪，默然不語。師父看出其中玄機，微笑著領他走出寺門。寺外，一片大好的春光。放眼望去，天地間瀰漫著清新的空氣，半綠的草芽，斜飛的小鳥，動情的小河……

一休深深地吸了一口氣，偷窺師父，師父正在安詳打坐於半山坡上。一休有些納悶，不知師父葫蘆裡賣的什麼藥。過了一個下午，師父起身，沒說一句話，打個手勢，他把一休領回寺內。剛入寺門，師父突然跨前一步，輕掩兩扇木門，把一休關在寺外。一休不明白師父的旨意，獨坐門外，思悟師父的意思。

很快天色就暗了下來，霧氣籠罩了四周的山岡，樹林、小溪、連鳥語水聲也不再清晰。這時，師父在寺內朗聲叫一休的名字。一休推開寺門，走了進去。

師父問：「外面怎麼樣？」

「全黑了。」

「還有什麼嗎？」

「什麼也沒有了。」

「不」，師父說：「外面，清風、綠野，花草，小溪……一切都在。」

一休忽然領悟了師父的苦心。

天黑了，但一切其實都還在。比如愛情。天亮後，妳能夠找到新的感情，新的感情會給妳新的力量新的希望。

然而，最怕的就是愛的那個人一直不出現。在這樣的期待裡，我們慢慢失去了期待，慢慢絕望。然後，即使我們遇見愛的人，也沒有了分辨的能力與期待。也許我們可以暫且假裝自己不相信愛情，把愛情的分量在人生中放輕，去做另外一些比愛情更有意義的事情——沒有了戀人一起過生日，就在生日那天栽下一棵大樹吧。妳會發現，它就如同妳的心一樣，每天攝取陽光、雨露、路人的目光，一天比一天壯大、堅強。它會長出很多綠葉，用來收集陽光，清新空氣，給人綠蔭。有一天，妳突然再回來看它，妳會驚訝地發現，是的，那就是我的心。它已經如此豐盈強大，懂得給予，懂得真正的愛。然後，妳會發現，愛情和愛相比，實在太狹隘了。

愛世界比愛一個人要溫暖得多。

蓮心智慧之博愛：境由心生，每一個人每一樣事物若都能以博愛、寬容、豁達的心境來容納一切的話，那麼世界就會變的水晶般的美麗。

愛是給予，永不會失去

一個為愛苦惱的年輕人去拜訪浮茶禪師。

年輕人問：「禪師，為什麼我總是喜歡暗戀一個人？我從不去表白。」

禪師笑答：「也許是妳怕失去，所以不敢擁有。有時候，遠遠守候也是一種擁有。」

年輕人說：「是這樣的，我總是覺得一旦表白就有可能失去愛的機會了。」

禪師說：「這是悲觀和自卑的心理在作怪。」

年輕人問：「那我該怎麼走出這種心理呢？」

浮茶禪師說：「這麼說吧，一個講故事的人，有無窮無盡的故事，他會因為給別人講了這個故事而失去這個故事嗎？」

年輕人說：「當然不會。」

浮茶禪師笑了：「愛有時候就像故事一樣，誕生於妳的身心、妳的大腦，並不會因為妳去愛別人而失去了愛。」

年輕人恍然大悟。

愛是一種與生俱來的潛在機能，如果不透過給予的方式將其表達、表現，就失去了存在的意義。所以，愛是給予。

「幸好曾有妳溫暖的心房，還亮著愛來過的光」。愛是生於心田的播種與奉獻，愛是給予和付出。那麼，愛又談何失去？

愛是生命的坐標，不管妳身在何時何地，愛總能給妳最真切的方向和目標——就算，我們會與愛人在時光裡分離，愛也一直會在，一直停留在那時的時光裡。如果妳願意在月光盛大的夜晚想起，那段愛還是會溫暖妳的心房；就算妳不再想起，日子繼續這樣過去，愛也沒有失去。只是隱藏在了時光裡。

所以，不要怕失去而不去擁有——愛，永不會失去。

蓮心智慧之溫暖：愛是一種無私的奉獻，猶如燦爛充滿朝氣的太陽，給人溫暖、力量和希望。妳我的愛心像蠟燭，只要燃燒起來，就會溫暖人心，照亮妳我的生活。

感情有變當以不變來應

曼和男友相戀多年，眼看就要牽手共看細水長流一起變老，男友卻被其同事小Q瘋狂追求。雖然男友並沒有變心的跡象，但是小Q的一些過分舉動，多少還是影響了兩人之間的關係。

有閨密問曼：「妳擔心嗎？」

曼不以為然地淡淡笑著：「說真的，也擔心，但是我沒有必要去回應小Q或是要求男友如何做。」

朋友不解。曼說：「如果我真的做出一些什麼回應，她就有了繼續過分的機會；如果我要求男友怎樣怎樣，也許會令他覺得我不再信任他，對他也是傷害。這都只會讓事情更糟糕。而她出招過來了，我輕輕巧巧地避開，不費力氣就於無形中贏了她。」

感嘆曼擁有如此優雅智慧的同時，不由想起佛門中就有一種智慧叫做「無」字制勝。以不變的「無」勝過於變化萬千的「有」。

道樹禪師建了一所寺院，與道士的「廟觀」為鄰，道士容不下觀邊的這所佛寺，因此每天變一些妖魔鬼怪來擾亂寺裡的僧眾，要把它們嚇走。今天呼風喚雨，明天風馳電掣，確實將不少年輕的沙彌都嚇走了。可是，道樹禪師卻在這裡一住就是十多年。到了最後，道士所變的法術都用完了，可是道樹禪師還是不走，道士無法，只得將道觀放棄，遷離他去。

後來，有人問道樹禪師說：「道士們法術高強，您怎能勝過他們呢？」

禪師說：「我沒有什麼能勝他們的，勉強說，只有一個『無』字能勝他們。」

「無，怎能勝他們呢？」

禪師說：「他們有法術，有，是有限、有盡、有量、有邊；而我無法術，無，是無限、無盡、無量、無邊；無和有的關係，是不變應萬變。我『無變』當然會勝過『有變』了。」

在曼看來，她什麼也不做，恰是應了禪師的「無」，以無來勝有。曼什麼也不做，小Q的過分行為得不到回應，孤掌難鳴，總有一天會結束。

世界上唯一不變的就是變化，在變化面前，我們都多少會有「如花美眷也抵不過似水流年」的恐慌和不知所措。而我們喜歡懷念過去的生活，是因為過去是不變的，有一份安全感在裡面。但是需要我們面臨的仍是多變的現在和將來，這就需要我們來培養自己做到「無」字制勝，以不變來應萬變。

不能預料到情感走向，就好好經營自己的內心和愛的能力吧。相信妳的愛人，即使他騙妳——如果他不再愛妳，也許就不會花心思來騙妳了；相信自己的魅力，即使他真的棄妳而去，也並不能帶走妳的美麗。

那就帶上最美麗的微笑好好度過現在的時光吧，在擁有一個人的時候，好好愛他。以不變的微笑來應對多變的世事。

蓮心智慧之淡定：寵辱不驚，去留無意；不以物喜，不以己悲；笑看雲卷雲舒，追求靜觀花開花落。

失戀是重新幸福的機會

一個人失戀後，甚至會懷疑被全世界的幸福所拋棄。那些原來做起來覺得幸福的事情全都蒙上了失戀的陰影，改變了原來幸福的性質，變得悲傷。在漫漫的尋找真愛的路上，失戀在所難免。但其實每一次失戀，都隱隱會告訴妳幸福的方向，是一次新的幸福的機會。

一燈禪師曾問：「孩子，為什麼悲傷？」女孩：「我失戀了。」一燈禪師：「哦，這很正常，如果失戀了，沒有悲傷，戀愛大概也沒有什麼味道了。可妳怎麼對失戀的投入甚至比妳對戀愛的投入還要傾心呢？」女孩：「丟了到手的葡萄，這份失落，您非個中人，怎知其中的酸楚啊。」一燈禪師：「丟了就丟了，何不繼續向前走去，鮮美的葡萄還有很多。」

女孩：「我要等到海枯石爛，直到他回心轉意。」一燈禪師：「但這一天也許永遠都不會到來。」女孩：「那我就自殺表誠心。」一燈禪師：「如果這樣，妳不但失去戀人，還會失去自己，妳會蒙受雙倍的損失。」

女孩：「妳說我該怎麼辦？我真的很愛他。」一燈禪師：「那妳當然希望妳所愛的人幸福？」女孩：「那是當然。」一燈禪師：「如果他認為離開妳是一種幸福呢？」女孩：「不會的，他說過只有跟我在一起，他才感到幸福！」一燈禪師：「那是曾經，可他現在不這麼認為。」女孩：「這就是說，他一直在騙我？」一燈禪師：「不，當他愛妳的時候，他和妳在一起，現在他不愛妳，他就離去了，世界上再也沒有比這更大的忠誠。如果他不再愛妳，卻要裝作對妳很有感情，甚至跟妳結婚，生子，那才是真正的欺騙。」

女孩：「可他現在不愛我了，我還苦苦的愛著他，這是多麼的不公平！」一燈禪師：「的確不公平，我是說妳對所愛的那個人不公平。本來，愛他是妳的權利，而妳想在自己行使權力的時候剝奪別人行使權力的自由，這是何等的不公平！」女孩：「這一切倒成了我的錯？」一燈禪師：「對，從一開始妳就犯錯。如果妳能給他帶來幸福，他是不會從妳的生活中離開的，沒有人會逃避幸福。」

女孩：「可他連機會都不給我，您說可惡不可惡？」一燈禪師：「當然可惡，好在妳現在已經擺脫了這個可惡的人，妳應該感到高興。」女孩：「高興？怎麼可能呢，我是被人給拋棄了。」一燈禪師：「時間會撫平妳心靈的創傷。」

女孩：「但願我也有這一天，可我應該從哪裡做起呢？」一燈禪師：「去感謝那個拋棄妳的人，為他祝福。」女孩：「為什麼？」一燈禪師：「因為他給了妳忠誠，給了妳尋找幸福的新的機會。」

每段失敗的感情，都必然有著失敗的原因。接受失敗也是在感情路上排除了一種不幸福的可能，從而多了一份選擇到真愛的可能。而其中原因，如果妳能面對自己的內心揪出其原因，則是間接地為自己的幸福加分。

失戀是一種美極了的美感，可惜很多當事人從不細細享受：失戀後的世界是前所未有的寂靜和落寞。靜得可以聽見自己的呼吸。呼吸聲就像大海的聲音；失戀後所看到的色彩總是帶著灰色調，一如才情盎然的藝術家。貝多芬（Ludwig van Beethoven）在失戀後創作了《給愛麗絲》（*Für Elise*）；歌德（Johann Wolfgang von Goethe）在失戀後創作了《少年維特的煩惱》……美好一直都在。只要我們帶著心跳去發現。

蓮心智慧之失戀：人生自是有情痴，此恨不關風與月。

一執著，愛就死了

在某部電視劇中的經典台詞是：「我就等你，就等你，你沒結婚我等你，你結了婚，我還等，我現在等你，我以後等你，我永遠等你，我等你，我等你，我等死你……」這句臺詞感動了戲裡戲外無數的人，唯獨沒有感動她等的人。

我們常透過執著來證明對一個人的真心和對愛情的虔誠，但是往往，也許正是因為我們太過執著太執迷不悟，才殺死了愛情，殺死了驀然回首，卻在燈火闌珊處的那人。

有個女孩偶然遇見了一個一見鍾情的人，卻沒有機會認識他。於是她每天都向佛祖祈禱，希望能再見到那個男人。佛祖說：「妳想再看到那個男人嗎？妳還必須修煉五百年道行，才能見他一面。妳不後悔嗎？」女孩說：「我不後悔！哪怕是拋棄所有的一切！」

女孩變成了一塊大石頭，躺在荒郊野外，四百多年的風吹日曬，苦不堪言。最後一年，一個採石隊尋找修橋的材料，於是女孩變成了石橋的護欄。就在石橋建成的第一天，女孩終於看見了那個她等了五百年的男人！他行色匆匆，像有什麼急事，很快地從石橋的正中走過了，當然，他不會發覺有一塊石頭正目不轉睛地望著他。

男人又一次消失了，再次出現的是佛祖。佛祖：「妳終於見到他了。」女孩：「為什麼我只是橋的護欄？如果我被鋪在橋的正中，我就能碰到他了，我就能觸摸到他！」

佛祖：「妳想觸摸到他？那妳還得修煉五百年！」女孩：「我願意！」佛祖：「妳吃了這麼多苦，不後悔？」女孩：「不後悔！」

女孩變成了一棵大樹，立在一條人來人往的要道上，這裡每天都有很多人經過，女孩每天都在近處觀望，但這更難受，因為無數次滿懷希望的看見一個人走來，又無數次希望破滅。日子一天天地過去，最後一天，女孩知道他會來了，但她的心中竟然不再激動。

這一次，他沒有急匆匆的走過，因為，天太熱了。他注意到路邊有一棵大樹，那濃密的樹蔭很誘人，休息一下吧，他這樣想。他走到大樹腳下，靠著樹根，微微地閉上了雙眼，他睡著了。女孩觸摸到他了。但是，她無法告訴他，這千年的相思。她只有盡力把樹蔭聚集起來，為他擋住毒辣的陽光。

男人只是小睡了一刻，因為他還有事要辦，他站起身來，拍拍長衫上的灰塵，在動身的前一刻，他抬頭看了看這棵大樹，又微微地撫摸了一下樹幹，大概是為了感謝大樹為他帶來清涼吧。然後，他頭也不回地走了！就在他消失在她的視線的那一刻，佛祖又出現了。

佛祖：「妳是不是還想做他的妻子？那妳還得修煉……」女孩平靜地打斷了佛祖的話：「我是很想，但是不必了。這樣已經很好了，愛他，並不一定要做他的妻子。」

佛祖的臉上綻開了一個笑容：「這樣很好，有個男孩可以少等一千年了，他為了能夠看妳一眼，已經修煉了兩千年。」

女孩執著地等了千年，相思了萬年，男子卻始終不知道。結果，女孩還是要放棄執著，放棄了千年的修煉和萬年的相思，就像一切都沒有發生過。只是白白蹉跎了千年，苦苦相思了萬年。相對於我們的最終歸宿來說，這並不是真正的愛情。真正的愛情是兩情相悅情投意合執子之手與子偕老。所以，在女孩開始執著的那一刻，真正的愛就死了。

我們可以容許自己一見鍾情，但是沒有必要賠上青春執著地等待或者追逐，在心中留一份一見鍾情的感動和美好就足夠了，遠遠守候也是擁有。在愛情的世界裡，我們眾裡尋他千百度，但是如果一味地執著向前，就不可能驀然回首，發現那人卻在燈火闌珊處。

愛情是一種緣。隨緣即好。

蓮心智慧之隨緣：得失隨緣，心無增減；隨緣自適，真愛即來。

愛情只要八分飽

曾經有個女孩問媽媽，「婚後，怎樣才能抓住丈夫的心呢？」

媽媽領她來到院子裡，讓女孩抓起一把沙子，滿滿的一大把。

媽媽說：「試著握緊」。女孩用力握緊手，結果她握得越緊，從手指縫裡漏出的沙子就越多。

愛是快樂，太愛則是負荷。生活就是那樣，很多事物妳越是握緊，它越是掙脫。妳越是在意，它越是遠離。

愛一個人愛得渾然忘我，那樣全身心的愛只應出現在小說裡，這個社會越來越不歡迎不顧一切的愛。給他呼吸的空間，也給自己留個餘地——飛蛾撲火的愛情，正在進行時固然讓人覺得壯美，但若他成為時，妳如何收拾那一地的狼藉？投入那麼多，妳能否面對那慘重的損失？

所以，愛一個人不要愛到十分，八分已經足夠了，剩下的用來愛自己。妳可以去愛一個男人，但是不要把自己的全部都賠進去。沒有男人值得妳用生命去討好。妳若不愛自己，怎麼能讓別人愛妳？

過分的愛是傷害。當我們那樣愛一個人，我們最終會因為沒法佔有他的全部而痛苦。我們變得自私和嫉妒，不但傷害了別人，也摧毀了自己。當妳自作多情的將全部的愛給了別人，妳將別人不需要的感情強加於人，給人壓抑給人重負，甚至給人痛苦給人折磨時，愛是傷害。如果妳還繼續愛得更多，很可能會給對方沉重的壓力，讓彼此喘不過氣來，完全喪失了愛情的樂趣。

飛蛾撲火的愛情，固然唯美。但是如果一旦成為過去，如何讓彼此去收拾那一地的狼藉？

蓮心智慧之巧愛：當妳愛一個人的時候，愛到八分剛好。同時，妳所期待的回報，也只要八分。妳自己應該剩下二分來愛自己，允許對方留二分愛他自己。八分飽的愛情觀，雖然不見華麗，但是卻見平實；不見轟轟烈烈，卻見清新雅緻。

分手只是一念之差

阿夏在十二月的某天清晨收到男友的分手信。彼時的男友已經隻身在千里迢迢的海外。阿夏打電話過去，無人接應。再打，竟是忙音。阿夏不相信這是真的。分手信末尾的那句話還深深印刻在心裡：如果下輩子我還記得妳，我們死也要在一起。

然而，一個月過去了，阿夏總算明白了：是分手了。

但是，這是為什麼呢。阿夏不明白。歇斯底里地問自己，沒有答案。一遍遍問身邊的朋友，得到的也只是安慰。得不到分手的原因，令阿夏不能釋然，無法放下這段感情。

兩年了，阿夏竟然還是執著於得不到分手的答案而遲遲走不出情傷。

一天，阿夏獨自在家看書，電臺裡傳來這麼一首歌：「突然我記起你的臉，愛不愛不過一念之間，繞一圈，今天的我能和昨天面對面」。阿夏瞬間被感化了，突然間恍然大悟：分手、不愛也許都是他一念之間的事情，根本就沒有什麼所謂的原因和答案吧。我又何必苦苦執著於一個答案而作繭自縛呢?很多事情都沒有既定的原因吧,只是人的一念之差。

兩個不如意的年輕人,一起去拜望師父:「師父,我們在辦公室被欺負,太痛苦了,我們是不是該辭掉工作,求您指點迷津。」

師父閉著眼睛,隔了很久,才吐了五個字:「不過一碗飯。」然後揮揮手示意他們退下了。

回到公司後,其中一個年輕人馬上遞了辭呈回家種田,而另一個什麼也沒做。

轉眼十年過去。回家種田的以現代方法經營,加上品種改良,成了農業專家進入了小康。另一個留在公司的也不差,他忍著氣努力上進,漸漸受到器重成了經理。

這一天兩人重逢了。

「奇怪,師父說的『不過一碗飯』這五個字,我一聽就明白了。不過一碗飯嘛,沒什麼大不了的,何必硬留在公司?所以辭職了。」農業專家問另一位:「你當時怎麼不聽師父的話呢?」

「我聽了呀,」那經理笑著說,「師父說『不過一碗飯』,多受氣,多受累,我只不過是混一碗飯吃,少賭氣,少計較不就完了嘛。師父不是這個意思嗎?」

兩人於是再去拜望師父,師父已經很老了,仍然是閉著眼睛,隔了很久,答了五個字:

「不過一念間。」

言罷揮揮手……

同樣的五個字，兩個年輕人的理解截然不同，作出的選擇也各有千秋。我們不必追究這是為什麼，因為這只是人的一念之差，沒有緣由。

很多事情都是這樣，沒有必要刨根究底地弄明白所以然才可以釋懷可以放下。我們只需去接受它，然後承認它屬於過去時，就這樣輕輕地把它丟成回憶的一種，不也是一種人生的美麗嗎？

蓮心智慧之釋然：寵辱不驚，看庭前花開花落；去留無意，望天空雲卷雲舒。

妳心中還有他嗎

朋友和若蘭趕著在四月結束前去看櫻花。在鋪滿櫻花瓣的小路轉角，偶遇若蘭的前男友。兩人只是默契地淡淡一笑，就錯身而過了。只有漫天的櫻花灼灼地絢爛著。

過後，朋友小心翼翼地問若蘭：「妳心裡還有他嗎？」

若蘭說：「那一刻，他分明從我旁邊笑著走過去了，怎麼可能是在我心裡呢？」想了想，又繼續說：「一開始，我是愛他的，我心中有愛，所以自以為心中有他。但是其實我錯了，他只是一個獨立的人，縱使我再愛他，也無法將其據為私有放進內心。就像妳喜歡這顆櫻花樹，沒有辦法將其連根拔起帶回自己家中一樣。」

心中有愛。愛是由心生的，存在於心中；心中有人，而人是獨立的，所謂的心中有「人」，充其量只是自己的思念和愛意罷了。他明明是存在於這個世界上的，而不是妳心中。

雪停之後，文益前來告辭，桂琛禪師把他送到了寺門口，說道：「妳平時常說『三界由心生，萬物因識起』。」

就指著院中的一塊石頭說：「你且說說，這塊石頭是在心內，還是在心外？」

文益：「在心內。」桂琛：「一個四處行腳的出家人，為什麼要在心裡頭安放一塊大石頭呢？」

文益被窘，一時語塞，無法回答，便放下包裹，留在地藏院，向羅漢桂琛禪師請教難題。一個多月來，文益每次呈上心得，羅漢桂琛都對他的見解予以否定。直到文益理屈詞窮，羅漢桂琛才告訴他：「若論佛法，一切現成。」這一句話，使文益恍然大悟。

「一切現成」我們要只相信自己眼睛所能看到的事物。而不是憑著心念去想當然。戀人是不可能存在於妳心中的，他只是存在於這個客觀世界上。如此想來，即使這個人離開了，也並不會在心中空一個位置出來。因為心中只可能有愛存在，不可能有人存在。即使人走了，心還在，愛還在。一切都還在。

妳心中還有他嗎？他已經在櫻花小道上走遠了，回家了。

蓮心智慧之清醒：聰明的女人都是清醒而痛苦地活著。把妳的臉迎向陽光，那樣就不會有陰影。傷口是別人給予的恥辱，自己堅持的幻覺。

回憶是過去的唯一價值

人到了一定的年紀，都會變成有故事的人。回憶從此如影隨形。

有一些人，是活在回憶中的。就像一些生活在雲上的人，享受自己的天空。依靠回憶來為自己築起一個小小的圍牆，任外面的世界春去秋來而不自知。

可是，回憶也會有用完的那一天的。

戀人就像是暗夜裡微微發光的月亮，離開以後，我們開始用回憶在暗夜裡製作一個木桶，裝滿我們的淚水。然後，桶中出現了同樣的一個月亮。自此，我們便是依靠這個月亮的倒影活著。

可是，回憶總有用完的那一天的。

尼姑千代野修行了很多年，但仍沒能開悟。一天晚上，她提著盛沸水的舊木桶正走著，她看見映照在水桶裡的滿月，突然，竹編的水桶箍斷了，水桶散了架，水全跑了出來，水中之月消失了——而千代野終於開悟了。當即提筆寫下這樣一首詩：

這樣的方法和那樣的方法，
我盡力將水桶保持完好，
期望脆弱的竹子永遠不會斷裂。
突然，桶底塌陷，
再沒有水，
再沒有水中的月亮——
在我手中是空。

總有一天，妳的淚會流完，桶中的淚也會蒸發輪迴。這個時候妳才發現，桶中是空的，都是假的。只不過白白蹉跎了如花美眷。

可是，妳說，妳當時就是無法對過去釋懷。

其實，為什麼一定要釋懷不可呢？妳只需用將其打包，以禮物的形式，寄給八十歲的自己。一切無需釋懷。妳會在八十歲的眼淚中，含笑明白這一切。

而如今，夜夜都是新夜，夜夜都有新月。要勇敢抬頭，尋找新的月亮，以此，才不會辜負了紅粉朱樓春色闌。

「回憶就像舊的報紙，明天就一文不值。」回憶是屬於老年時代的。如果我們現在做完了老年要做的事情，慢慢夕陽路豈不是更難捱？過去對我們人生的唯一價值，就是留給老年去慢慢回憶。

錦上之花，回憶的存在，是為證明過去不是一場幻覺。

何不忘了那個結局呢

孫悟空找到師父菩提祖師，希望師父能幫他把緊箍去掉。

「師父，這緊箍害得我好苦，幫我去了吧。」

菩提祖師神色卻漸漸變的黯然。「我做不到……這緊箍是將人心思束縛，將欲望的痛苦化為身體的痛苦，你若如諸神佛達到無我之境，自然就不會受緊箍之苦。」

「我要如何做？才能達無我之境？」

「忘記你自己，放下你的所愛及所恨。」

孫悟空站起來，沉默良久。忽然他抬起頭說：「我可以忘了我自己。」菩提祖師心情複雜的望著他。「可是，」孫悟空說「我忘不了東海水，忘不了花果山，忘不了西天路，忘不了路上的人。」他忽然歡喜了起來，對菩提道：「師父你看，我有這麼多可記住的事。多麼好。」他轉身道，「現在我要回天界去，打死假悟空，我就能解開緊箍咒了。」

菩提祖師搖頭含悲而笑：「這是觀音對你說的？可你能夠勝嗎？不，你勝不了的，結局早已安排好了。還是留在這逍遙之地吧，這裡不是有當年花果山一般的自在安樂？忘了你是誰，忘了西天路。你回去，就逃不出如來觀音為你設計的路。」

「師父你的心意我明白，可我一生就是要鬥、戰、勝！」孫悟空望著天河，「我不會輸，不論他們設好什麼樣的局——俺老孫去也！」

一道光芒注入寒天。菩提祖師仰望那光芒劃過星河，嘆道：「我終不能改變那個開始，何不忘了那個結局呢？」

所有的感情，結束時都是一個結局，而開始，卻是千差萬別的。

春節時同學聚會，已經奔三的一群人在一起追憶十六七歲時那些細水長流的時光。阿若仍是默默一個人待在角落裡，神情聊落地注視著大家的熱鬧，一如當初唸書的時候。我走過去，把手輕輕放在她的肩膀上，問：「怎麼，仍是放不下他嗎？」十六歲時，阿若義無反顧地喜歡上了建明，做了許多瘋狂的事情。現在看來，不過是青春期的叛逆和懵懂的情感衝動罷了。然而即使阿若現在明白這些，仍是難以釋懷那段因為逝去而被時間的水洗得越來越純淨的感情。

此刻的建明正和大家熱烈討論著當年的一些趣事，身邊的女子嫻靜美好地端坐著，很顯然，那是他的女友。阿若淡淡地望著他們，對我說：「這麼些年來其實我也已經釋懷。但是每每想起高中時代，就必然會想起這段感情，想起這段感情，就必然會想起那些自己曾做過的傻事，那個情何以堪的開始。真想讓時光倒流重新來過，這樣就算我還是會再次喜歡建明，也不會有那樣一個不盡如人意的開始。雖然一切都結束了，我仍是愛著建明，愛著十六歲的建明，就如同愛著自己的青春。」

我們年少時候喜歡一個人，總是因為還不懂得保留所以傾其所有去喜歡，用盡所有的痴情的傻氣和固執的堅持。傻氣地以為這場感情是天地間最稀有的最感天動地的愛情，固執地以為只要日子繼續這樣下去繼續堅持就終能有一個如願的結果。情何以堪。但是，我們已經不能改變這個開始。

何不，就忘了結局？

就當做一切從未發生過，只是生命裡憑空多了一份記憶出來。關於那個年少的故事，從來沒有開始，也無所謂結局。唯有那段記憶，是生命裡最寬恕的恩賜。

蓮心智慧之回憶：回憶是遺忘的昇華，是生命的錦上之花，回憶的存在，是為證明過去不是一場幻覺。

第二章　相守法華經

《法華經》也就是《妙法蓮華經》，是釋迦牟尼佛晚年在王舍城靈鷲山所說。《法華經》中宣講內容至高無上，明示不分貧富貴賤，人人皆可成佛，所以《法華經》被譽為「經中之王」。

相守的《法華經》，不在別人的預測與議論中，只在妳自己平靜的心裡，在那一粥一飯間，就在那瑣碎的日子裡和慢慢變老的依偎裡。

最浪漫的事是一起變老

那一天，我翻閱世界上所有的文字來尋找最浪漫的事，最後，終於在妳牽起我手的瞬間找到—執子之手，與子偕老。

沒有遭遇過怦然心動和纏綿悱惻的情感波折，只是很平常地走了過來。過著雖是凡夫俗子的平常生活，卻知足地在圍城之內，沒有太多渴望地珍惜著自己認為的幸福。這樣的日子，連神仙都會羨慕。

朋友般的戀人更易白頭

朋友不像戀人那樣，似乎隨時都可能失去，好的朋友都能一輩子，愛情卻不一定是。

這不由得令人心中暗想，何不把戀人當做最好的朋友呢？如果能做到這樣，大概也能和戀人白頭偕老了吧。

一位女孩前來請示紫光禪師，要怎麼才能確定某人是不是最適合的終身伴侶。紫光禪師說：「妳可以問自己一個問題：『他是不是妳最好的朋友？』如果答案是否定的話，妳就必須在做出承諾以前，再仔細考慮，我真的要跟這個人共度餘生嗎？」

「光是友誼，卻沒有吸引力，關係能維持嗎？」

紫光禪師笑答：「如果連朋友都不是，關係才更難維持，不是嗎？」

「嗯！」女孩同意地點點頭，接著又問：「那有什麼方法可以使愛的關係歷久不變？」

「還是友誼。」紫光禪師說：「把對方當成最好的朋友。」

就像玫瑰是帶刺的，愛情中，傷害總是難免的。就像歌裡唱的「想愛就別怕傷痛」、「只要有愛就有痛」，一旦這種傷害超越了某種界限，愛情也就山窮水盡了。

細水長流的愛情在於用心經營，把戀人以朋友般相待則是很好的方式。曾有詩人說：「我必須是你近旁的一株木棉，作為樹的形象和你站在一起。」法國作家安東尼古．聖艾斯培利所說的：「愛，不是由彼此的相互凝視，而是兩個人一起向外看往同一個方向。」古人說，舉案齊眉方可白頭到老。

像朋友般對待妳的愛人吧。妳會因此擁有一個平和溫暖的家庭。

蓮心智慧之溫和：溫和的女人就像春天，給人以繁花似錦的舒適感。

有一種愛叫若即若離

終於結束了八年的愛情長跑，從此過上了甜蜜的二人世界。對於青竹來說，老公就是她的天與地。在結婚以後，青竹把自己全部的工作重心都轉移到了家庭的經營上，每天的生活就在上班——回家這條線上不斷地重複著。

青竹成了大家公認的好妻子：體貼入微，有情有趣，很愛自己的老公。天天還沒下班就電話簡訊問丈夫什麼時候回來，以便煮好飯留剛好的溫度讓老公吃得方便。即使是出差，也是頻頻打電話傳簡訊。在外人看來，她老公有她這樣的老婆簡直幸福至極了。但是漸漸地，老公不接電話了，不按時回家了。她聽聞老公在朋友那訴苦：「盯得太緊了，我現在一聽到電話響就渾身不自在，像被遙控一樣。」青竹無解：「我只是放不下對老公的牽掛，總是擔心他冷了餓了或是愛上別的女人。」

青竹對老公愛得難分難捨、如膠似漆，換來的卻是老公的不滿。他的老公把大部分時間都用在了事業上，而青竹就像個深宮裡的小怨婦，除了上班，大部分時間都在家裡等他、盼他。時間久了，彼此都感到受不了對方，他受不了青竹的黏人，而青竹不喜歡他的慣性晚歸。

有一天，隔壁隱約傳來這樣的歌聲：

「我要對愛堅持半糖主義，永遠讓你覺得意猶未盡。若有似無的甜，才不會覺得膩。我要對愛堅持半糖主義，真心不用天天黏在一起。愛得來不易，要留一點空隙，彼此才能呼吸。有多少溫柔，何必一次就用盡。愛的祕訣就是保持剛剛好的距離……」

青竹猛然驚覺自己在婚姻生活中早已迷失了自己！於是，她便開始調整自己的生活。她在下班後不再無所事事，而是做一些自己喜歡的事，比如寫寫文章，看看書，這樣既驅趕了寂寞，同時還讓自己感覺到活得很充實！老公也隨著她的變化變得越來越欣賞她了。

還有多少女人的愛情觀裡，有一個詞叫如膠似漆呢？記住，有一種愛叫若即若離。如膠似漆的愛可能只會甜蜜一時，而不會長久。每段愛情都可能來自於兩人相遇時瞬間迸發的熱情，但這只能是為妳們的愛情打下良好的基礎，但甜得發膩的愛情必會在現代社會中讓人生厭。

蓮心智慧之狡黠：雖然愛情是甜蜜的，但它也有它的脾性，就像仙人掌，明明不需要太多的水分，妳卻日日勤加澆灌，結果可想而知。要想呵護好我們的愛情，首先要掌握愛的祕訣，那就是保持一定的距離。

找到賴以生存的大海

常聽到有女人抱怨在家庭地位低下，得不到尊重。不滿於現在的生活但是又不敢離婚——沒有謀生能力，離婚就等於魚兒離開水。

這是一個惡性循環，得不到尊重的原因，就是因為這些女人沒有謀生能力。其實每個人都是一條魚，但是妳一定要找到自己賴以生存的大海，而不是被人供養的魚缸。

一條魚，生活在大海裡，總覺得無趣，一心想找個機會離開大海。一天，牠被漁夫和他的兒子打撈上來，高興得在網裡搖頭擺尾，「這下可好啦！總算逃出了苦海，可以自由呼吸了！」

就這樣，魚被放在一個破魚缸裡，每天歡暢地游來游去。

每天，漁夫總會往水缸裡放些魚蟲，魚很高興，不停晃動身子，展示漂亮的服飾，討漁夫喜歡。漁夫真的樂了，又撒下一大把魚蟲，魚大口地吃著，累了則可以停下，打個盹。魚兒開始慶幸自己的美妙命運；慶幸現在的生活；慶幸自己一身花衣。牠自言自語道：「這才是幸福生活。」

日子一天一天地過，魚兒一天一天地游。牠似乎有些厭倦，但再也不願回到海中去了。

「我是一條漂亮的魚」，牠總這麼對自己說。

後來，漁夫出海遇難了。漁夫兒子收拾了東西搬家了。什麼都帶上了，只忘了那條漂亮的魚。魚在缸裡大喊：「嗨！帶上我，別丟下我！」，可沒人理牠。

魚很悲傷，牠開始抱怨，抱怨水缸太小，抱怨飼料太差，抱怨漁夫兒子對牠無禮，抱怨漁夫輕易出海，甚至抱怨牠決意離開大海時夥伴們為何不加阻攔，抱怨牠所認知的一切，只忘了抱怨它自己。

牠又開始幻想：一個富商路過此地，發現一條漂亮的魚，於是把牠小心地收好，養在家中的大水塘裡，每天都有可口的魚蟲……

太陽升起來了，四周靜悄悄．只剩下一口破水缸，一條漂亮的魚——死魚。

我們的婚戀，就像這條魚一樣。最開始，我們生活在大海裡。可以和另一隻相愛，也可以自己自由游弋。結婚後，我們就像讓人帶走養在水缸裡的魚，一心撲在家庭上，相夫教子。同時也只能依靠家庭才能生存下去。一旦失去了水缸，就失去了一切。所以，不管在什麼時候，我們必須找到賴以生存的大海。

二十歲，我們賴以生存的大海是青春，三十歲，我們賴以生存的，不能僅僅只有家庭。要給自己留一條後路，才能有恃無恐。即使我們被養在魚缸裡，也不能失去回到大海的本領。

小摩擦讓婚姻更美麗

電視劇中有一對白頭偕老的金婚夫婦，從步人婚姻到結尾都一直在「拌嘴」，但是這樣的拌嘴是那麼有趣——將平淡無味的生活吵得有聲有色，其樂無窮。

適當的小摩擦，往往使得生活更加美麗。

釋迦牟尼在還沒成佛之前，就曾經歷過許多淬煉與修行，而獲得非常高深的智慧體悟。有一次他有一趟遠行，在當時的印度，修行者唯一的交通工具，就是自己的一雙腳。釋迦牟尼因為急於趕到目的地，便無視於路程的遙遠與艱苦，只是努力的趕路。由於路途遙遠，使他走的精疲力竭。

經過了一段的時日，眼看著再翻越一座山嶺，就可以到達目的地了，釋迦牟尼鬆了一口氣，暗自慶幸總算能夠及時趕到。但是就在他心情放鬆的同時，他立刻趕到鞋子裡那顆小石子的存在。那顆小石子其實是非常小的，小到讓人根本不覺得他的存在。

在釋迦牟尼剛趕路不久時他就已經清楚地感覺到那顆小石子墊在鞋子底，讓他覺得很不舒服。然而，釋迦牟尼一心忙著趕路，也不想浪費時間脫下鞋子，索性便把那顆小石子當做是修行，不去理會。直到這時，他才停下急切的腳步，心想著：既然目的地已快要到達了，而又還有一些餘暇，乾脆就在山路上把鞋子脫下來，讓自己輕鬆一下吧。就在釋迦牟尼低頭彎腰準備脫下鞋的時候，他的眼睛不自覺地瞄向沿路的水光山色，竟然發現他是如此的美麗。

當下，佛陀領悟了一項重要的哲理：自己這一路走來，如此匆忙，心思意念竟然只專注在目的地上，甚至完全沒有發現四周的景色優美。釋迦牟尼把鞋子脫下，然後將那顆小石子拿在手中，不禁感嘆地說：「小石頭啊，真想不到，這一路走來，你不斷的刺痛我的腳掌心，原來是要提醒我，走慢點，注意生命中一切的美好事物。」

婚姻就像鞋子，偶爾裡面進了小石子，那也是為了提醒妳生活的另一種美麗。我們要學會享受吵架的樂趣，做一個妙趣橫生的女人。

蓮心智慧之俏皮：俏皮是智慧的光芒，照耀在古今哲人的靈性中間。凡有俏皮素養的女人，都是聰敏穎悟的。她們會用俏皮手腕解決一切困難問題，而把每一種事態安排得從容不迫，恰到好處。

妳為什麼那麼愛生氣

每個人都不可避免地會生氣，而事後想想其實那些事情並不值得生氣。但在當時，就是控制不了。這是因為，我們沒有把所發生的事情看做是理所當然的，事情出乎我們的意料——比我們意料得要糟糕所致。

如果我們始終能以理所當然的態度看待事物，也許就不會生氣。

有一位婦人脾氣十分古怪，經常為一些無足輕重的小事生氣。她也很清楚自己的脾氣不好，但她就是控制不了自己。

朋友對她說：「附近有一位得道高僧，妳為什麼不去向他訴說心事，請他為妳指點迷津呢？」於是她就抱著試一試的態度去找那位高僧。

她找到了高僧，向他訴說心事，言語態度十分懇切，渴望從高僧那裡得到啟示。高僧一言不發地聽她闡述，等她說完了，就把她領到一座禪房中，然後鎖上房門，無聲而去。

婦人本想從禪師那裡聽到一些開導的話，沒想到禪師一句話也沒有說，只是把她關在這個又黑又冷的屋子裡。她氣得跳腳大罵，但是無論她怎麼罵，禪師就是不理會她。婦人實在忍受不了了，便開始哀求，但禪師還是無動於衷，任由她在那裡說個不停。

過了很久，房間裡終於沒有聲音了，禪師在門外問：「還生氣嗎？」

婦人說：「我只生自己的氣，我怎麼會聽信別人的話，到你這裡來！」

禪師聽完，說道：「妳連自己都不肯原諒，怎麼會原諒別人呢？」於是轉身而去。

過了一會，高僧又問：「還生氣嗎？」

婦人說：「不生氣了。」

「為什麼不生氣了呢？」

「我生氣有什麼用呢？只能被你關在這個又黑又冷的屋子裡。」

禪師說：「妳這樣其實更可怕，因為妳把妳的氣都壓在了一起，一旦爆發會比以前更加強烈。」說完又轉身離去了。

等到第三次禪師問她的時候，婦人說：「我不生氣了，因為你不值得我為你生氣。」

「妳生氣的根還在，妳還沒有從氣的漩渦中擺脫出來！」禪師說道。

又過了很長時間，婦人主動問道：「禪師，你能告訴我氣是什麼嗎？」

高僧還是不說話，只是看似無意地將手中的茶水倒在地上。婦人終於頓悟：原來，自己不氣，哪裡來的氣？心地透明，了無一物，何氣之有？

世間萬物，自生自滅，自有定律，我們只需欣然接受之。如此一來，何氣之有呢？

蓮心智慧之欣然：采菊東籬下，悠然見南山。歲月靜好，現世安穩。

可不可以假裝看不見

香蘭老師總覺得和老公結婚後，就感覺老公逐漸變得不那麼可愛了。在香蘭犀利的眼裡，老公就像一個缺點多多的頑劣學生。

香蘭原先試圖「改造」自己的老公，但收效甚微。無奈之下，她只好改變自己去容忍老公的種種惡習。但這樣做的結果只有兩個。其一，為了維持表面的和諧，她陷入壓抑與克制自己真實內心之苦悶中，明明自己看不慣，還要假裝自己看得慣，不是委屈自己嗎？其二，當壓抑與克制到難以克制時，會突然猛烈爆發，結果鬧出更大的不快。

有一次，香蘭遇到了一對和藹可親的老年夫婦，便向老太太討教夫妻相處之道。老太太聽完她的傾訴後，說：「年輕人啊，妳的苦惱來自於妳的視力太好了。」

香蘭不解。

老太太哈哈地笑著繼續說：「妳看，我現在是老花眼，看不清老頭子嘴角食物的殘渣，也看不清老頭子的小聰明，所以也就眼不見心不煩。」

原來，年長的人要比年輕人更平和淡定，是源於歲月洗禮下的「看不清」。而這種「看不清」，表像是視力的糊塗，實質是內心的明白——明白這個世界上永遠存在不盡如人意的地方，知道凡事計較只是令自己徒增煩惱。

霧裡看花最美麗。事事要看得清清楚楚是一件痛苦的事，它就像是毒害我們心靈的毒藥。因為這個世界本來是以缺陷的形式呈現給我們的，過去不是、現在不是、將來也不是。我們如果事事清楚明白，那無疑是自討苦吃。

臺灣著名女作家羅蘭認為：當一個人碰到感情和理智交戰的時候，常會發現越是清醒，就越是痛苦。因此，有時候對於一些人和事「真是不如乾脆糊塗一點好」。

蓮心智慧之欣然：人生在世，數十寒暑，不過彈指一揮間，所有生命都無一例外，既短暫又寶貴，卻仍有許許多多的人，活得無聊，活得煩惱。

可不可以假裝不記得

「小雨，對不起，我說過一定會讓妳如同公主一樣，但是這麼多年過去了……」在結婚十週年的紀念日，衣著有點寒酸的男的對女的這麼說。

「是嗎？我怎麼不記得了。」女的回答。

「我不應該指責妳貪財，是我不對。」男的繼續懺悔。

「你有這樣的指責嗎？我怎麼不記得了。」女的回答。

男的一定是有過這樣的誓言與指責，但女的已經「不記得」了。

世界上最恐怖的莫過於這樣一種人，只要他一打開話匣子，就嘮嘮叨叨沒個完，張家長李家短，多少年前的芝麻綠豆大的小事，像本帳簿，記得一筆不漏。有時我挺納悶的，人的大腦到底有多大的空間？能夠儲存多少記憶？七八十歲的老人，孩童時的事情仍記憶猶新。電腦還得點擊搜尋，人腦則張嘴就來，彷彿幾十年前的事情就含在嘴裡，隨時可以準確無誤地傾吐。其實也不盡然，一樣是同個人，有些事情又轉瞬即忘，甚至幾天前說的話，做的事，竟然忘得一乾二淨。那麼，我們記住什麼？忘記什麼？

在荷爾蒙的刺激下，哪對戀人之間沒有兌不了現的諾言？哪對戀人之間沒有摩擦與口角？過去了的，就讓它過去吧。記憶就像一本獨特的書，內容越翻越多，而且描敘越來越清晰，越讀就會越沉迷。有很多人為記憶而活著，他們執著於過去，不肯放下。還有一些人卻生性健忘，過去的失去與悲傷對他們來說都是過眼煙雲，他們不計較過去，不眷戀歷史，不歸還舊帳，活在當下，展望未來。

當然，人不能全部將過去忘記。老公對妳的好，妳要記得。

蓮心智慧之健忘：在生活中選擇性「健忘」的人，才活得瀟灑自如。當然，在生活中真的健忘，丟三落四，絕非樂事。我們說學會「健忘」，是說該忘記時不妨「忘記」一下。

可不可以假裝聽不見

有一位叫露絲的美國女士，她喜歡說的一句話是：「你說什麼我沒聽到哦。」這句話，給她的生活與事業帶來了雙豐收。

露絲在自己舉行婚禮的那天早上，她在樓上做最後的準備，這時，她的母親走上樓來，把一樣東西放在露絲手裡，然後看著她，用從未有過的認真對露絲說：「我現在要給妳一個今後一定用得著的忠告，那就要妳必須記住，每一段美好的婚姻裡，都有些話語值得充耳不聞。」

說完後，母親在露絲的手心裡放下一對軟膠質耳塞。正沉浸在一片美好祝福聲中的露絲十分困惑，不明白在這個時候塞一對耳塞到她手裡究竟是什麼意思。但沒過多久，她與丈夫第一次發生爭執時，便明白了老人的苦心。「她的用意很簡單，她是用一生的經歷與經驗告訴我，人生氣或衝動的時候，難免會說出一些未經考慮的話，而此時，最佳的應對之道就是充耳不聞，姑且當作沒有聽到，而不要同樣憤然回嘴反擊。」露絲說。

但對露絲而言，這句話產生的影響絕非僅限於婚姻。作為妻子，在家裡她用這個方法化解丈夫尖銳的指責，修護自己的愛情生活。作為職業人，在公司，她用這個方法淡化過激地抱怨自己的同事，她告誡自己，憤怒、怨憎、忌妒與自虐都是無意義的，它只會掏空一個人的美麗，尤其是一個女人的美麗，每一個人都可能在某個時候會說出一些傷人或未經考慮的話。此時，最佳的應對之道就是暫時關閉自己的耳朵——妳說什麼，我沒聽到哦……

明明聽到了，卻要說沒聽到，並做到「沒聽到」的境界，當然不是那麼容易。但正是因為不容易，才區分出——個人情商的高低。妳也許不能一下子就躍升到露絲的境界，但不妨從現在起、從對待身邊的人起！嘗試一次「聽不到」，再嘗試一次……

蓮心智慧之安然：任紅塵喧囂，我自巋然不動。

心願是最好的禮物

人們常說，婚姻就像鞋子，穿在自己腳上的，舒不舒服只有自己知道。其實，何止是婚姻，我們的生活也是如此——過得好不好，開不開心只有自己的心最清楚。

有一個老母親她一共有三個孩子，兩個女兒非常勤勞孝順，一個兒子有些軟弱無能。兩個女兒常常塞錢給老母親讓她買好吃的，可老母親又非常疼小孫子，於是常常把女兒給的錢又去塞給了兒子，讓他給小孫子買吃的。

鄰居氣不過就去把這個祕密告訴了大女兒，大女兒說她給媽媽錢就是為了讓媽媽高興，她想怎麼花就怎麼花，如果媽媽把錢省給兒子和孫子能夠換來她的開心和尊嚴的話，那這個錢就算花得值得。老母親聽了大女兒的話非常高興，她說看著孫子吃比自己吃開心多了。

過了一個月，二女兒回來了，她知道了這個祕密後非常生氣，於是她天天守在家裡教訓開導老母親，規定她給自己買吃的買喝的，而且非要看著她吃下去不可，老母親氣得什麼都吃不下，最後抑鬱而死。

我們為親人所做的一切，無非是希望他們能夠快樂、幸福。而每個人對於快樂、幸福的感受和概念都不一樣，我們不能用自己的幸福標準來判斷對方是否幸福，而要尊重對方的幸福觀。

人的一生中什麼最重要？當一個人做一件好事的時候，旁人考慮的可能是他這樣做值不值得，這種付出有沒有回報？然而這些都不重要，一個人擁有他想擁有的是最開心的，在人生的所有事情中人的心願是最重要的。

蓮心智慧之體貼：體貼的女人就像衣食一樣讓男人覺得必不可少。

能夠溫暖一生的是家

溫暖之於女人，就像大海之於游魚。有位作家曾說：「人有時候就是需要溫暖，哪怕是一點點自以為是的紀念。」溫暖，確實是時間最珍貴的事物之一了。

如果，要從浩瀚無邊的字典裡找一個最溫暖的字，那無疑就是「家」。

而家，又是什麼呢？

有一個富翁醉倒在他的別墅外面，他的保安扶起他說：「先生，讓我扶你回家吧！」

富翁反問保安：「家？！我的家在哪裡？你能扶我回得了家嗎？」。

保安大惑不解，指著不遠處的別墅說：「那不是你的家嗎？」

富翁指了指自己的心口窩，又指了指不遠處的那棟豪華別墅，一本正經的，斷斷續續地回答說：「那，那不是我的家，那只是我的房屋。」

就像英文中的 house 與 home 一樣，房屋並不等於家。

家，應該是我們用最美好的愛建築的溫暖巢穴，是我們今生今世賴以存在的最初和最後的空間。

所有物質的東西——房子、穿戴、金錢，這些皆與家無關，與真正的溫暖無關。

真正的家是充滿人間煙火氣息的家：從清晨裊裊的早餐香味，到午後陽臺上晾曬的新洗好的衣服味道；從小孩子可愛的奶香味，到曬過被子的溫暖陽光味……這些人間煙火的味道，構成了一個家的味道。

而這些味道，彷彿是溫暖的訊號：即使身在異鄉，聞到曬過的被子味道，也好似回到了家中。就像歌裡唱的那樣：「媽媽，妳的懷抱，是我一生愛的襁褓，有妳曬過的衣服味道。」

有位哲學家曾說：「不要說我們赤裸裸來去無牽掛。至少，我們來到這個世界，是有一個家讓我們登上岸的。當我們離去時，我們也不願意舉目無親，沒有一個可以向之告別的親人。倦鳥思巢，落葉歸根，我們回到故鄉故土，猶如回到從前靠岸的地方，從這裡啟程駛向永恆。我相信，如果靈魂不死，我們在天堂仍將懷念留在塵世的這個家。」

能夠溫暖我們一生的，只有家。

蓮心智慧之居家：家不是房子，而是家人與愛。

多抽點時間陪陪家人

一天二十四小時中，有大部分的時間都在工作和睡覺。細細算來，我們與君子之交的同事相處的時間竟遠遠多於相濡以沫的親人。

我們之所以工作，是為了家人能有更好的生活。但我們常常為了工作而忽略了家人。

一位父親下班回家已經很晚了，發現他的五歲的兒子靠在門旁等他。

「我可以問妳一個問題嗎?」

「什麼問題?」

「爸爸，你一小時可以賺多少錢?」

「假如你一定想知道的話，一小時賺兩百元。」

「爸爸，可以借我一百塊嗎?」

父親非常生氣，約過了一小時後，他平靜了下來，開始想著自己可能對孩子太凶了……或許孩子真的很想買什麼，再說他平時很少要過錢。於是，父親走進兒子的房間，給了孩子一百塊。

「爸爸，謝謝你。」小孩歡笑著從枕頭底下拿出一些零散的銅板，慢慢地數著。

「為什麼你已經有了錢還要?」

「因為這之前還不夠，但我現在夠了。」孩子回答，「爸爸，我現在有兩百元了，我可以跟你買一個小時的時間嗎?明天請早一點回家——我想和你一起吃晚餐。」

無論是忙碌的爸爸，還是操心的媽媽，何不將工作暫且放一放，多出一點時間來愛家人——我們之所以工作，也是為了家人啊。如此，我們的二十四小時，不管是工作、睡覺、吃飯，其實都是為了家人，不是嗎——為了家人能有更好的生活物質，為了能給家人更好的愛，為了家人能有更好的家人。

多抽出一些時間來陪陪家人吧，哪怕就是多出一個小時陪家人吃頓早餐，這一個小時的幸福時光，遠遠勝過了工作本身的價值。

蓮心智慧之陪伴：有種陪伴叫做一生。

妳明媚，世界就明媚

情人節，妳在約定的餐廳等他，直到周圍比妳晚來的情侶都吃晚飯走了，桌上的蠟燭也被換了幾次，他才緩緩出現，坐定。雖然姍姍來遲的他捧著大束玫瑰說著抱歉的話，但是妳已心灰意冷；在家裡，妳煞費苦心為婆婆燉了養生湯，婆婆嘗了一口卻抱怨不喜歡這麼重的味道，於是妳把湯重新放回鍋裡燉，但是那種心情已經不再明媚……其實，我們等待、做一些事情不都是為了對方和自己更快樂嗎？如果最後反倒不快樂，就違背了我們快樂的初衷。所以，即使結果不是那麼理想，但是，我們還是要保持快樂。因為，快樂才是最終的目的。

據傳，唐代著名禪師慧宗一次要外出，出門前他把弟子們找來，吩咐他們要看護好寺院裡的數十盆蘭花。弟子們知道師父酷愛蘭花，因此每日細心有加，不敢怠慢。可是，一天夜裡，突然下起了傾盆大雨，偏偏弟子們一時疏忽，將蘭花遺忘在室外，慘遭風吹雨打，及至第二天早上才想起，蘭花早已被大雨沖毀。幾天後，禪師回到寺院，眾弟子懷著忐忑不安的心情去迎候，準備受責罰，慧宗禪師得知原委，竟然泰然自若，寬慰弟子說：「當初我因為快樂才種蘭花的，如果我責罰你們，我不快樂，你們也不快樂，那麼我種蘭花有什麼意義呢？」這一看似平淡的話，讓弟子們如釋重負，心情豁然開朗。

如果我們能時刻想到做事情的出發點是快樂，那麼所有的事情都應該不會太壞。即使事情壞了，也不妨礙我們繼續保持快樂的心態。這樣，就算事情壞了，至少我們還擁有快樂。其實，一旦快樂起來，事情也會自然朝著快樂的方向發展，周身的世界也會變得明媚起來。

妳明媚，世界就明媚。

蓮心智慧之明媚：當妳笑容明媚的時候，整個世界都和妳一起明媚；當妳哭的時候，卻只能一個人躲起來哭。

真正的自由源自內心

靜竹看完電視劇之後感嘆：自從結婚後，自由已經在我生命裡消失了。每天都被老公、孩子所捆綁，幾乎沒有時間做自己的事情。曼說：「真正的自由都是在內心深處的。而且自由的捆綁是相互的，妳以為被老公孩子所捆綁，說不定恰恰是妳捆綁了他們。」

靜竹若有所思。

青燈禪師和玄武禪師結伴出遊，下山後要經過一條河流。正在兩人苦於沒有船隻之時，卻見不遠的岸邊一隻小船被一隻繩子捆綁，靜靜地停泊在那裡。

於是兩人前去，解了繩索，上了船。青燈禪師不由得感悟：「人如船，總被繩索之類的物什綁住了自由。」玄武禪師卻笑道：「繩如人，以為綁住了別人的自由，其實自己也失去了自由。」青燈禪師不由得為玄武禪師的領悟力所折服。

唯一能夠解除捆綁的，也許是先讓自己不要捆綁對方：妳不捆綁對方，也就無所謂被對方捆綁。靜竹覺得自己被老公孩子捆綁，老公孩子勢必也會覺得被靜竹捆綁。從某種意義來說，正是這種相互捆綁，構成了溫暖的家。但是卻犧牲了自己的自由。

也許我們可以試著適當地放鬆這種捆綁，給予對方相對的自由，這樣我們才能自己才能獲得自由：逛街的時候不一定非要要求老公跟著，自己一個人反而不受限制；老公去參加聚會，自己也沒必要一定要同去，給予了對方空間的同時自己也有了時間去做其他的事情……

在心靈上亦是如此：給予對方足夠的獨處時間，也等於給了自己獨處的時間。

如果有了一顆自由的心，無論在什麼時候，這顆心都能有意識地令妳自由起來。所以，真正的自由，在於自由的內心：世間萬物不過都是身外之物，沒有什麼是不可以失去的，更沒有什麼是可以捆綁住我們自由的心。

蓮心智慧之自由：心的自由才是真正的自由。紅塵中，沒有什麼能捆綁一顆自由的心。

為自己的選擇負責

有個先生和太太在爭論，先生說：「會跟妳結婚，那真是我這輩子最錯誤的決定。」太太不屑地回道：「難道是我逼迫你的嗎？」

坐在一旁的大師笑著說：「沒錯，沒有一個捕鼠器會去追老鼠，捕鼠器只是等在那裡，老鼠就自己來了。」

捕鼠器不會去追老鼠，是老鼠自己送上門的。

一個人生活的全部就是一連串的選擇與決定，「選擇我所喜歡的，喜歡我所選擇的」，不要去抱怨或責怪任何人，當初作出決定的不是妳自己嗎？所有決定與選擇的後果都得自己負責。

當妳抱怨被「捕鼠器」搞得不舒服時，試想，又是誰決定送上門的呢？

有個女兒在出嫁時，她的父親送給她兩幅親手寫的捲軸，沉浸在幸福中的女兒連捲軸都沒有打開過，並不知道父親寫的是什麼。

新婚的美好很快被孩子和家務磨蝕，她對丈夫產生了很多的不滿和埋怨。後來，她的丈夫患了尿毒症，靠洗腎才可以維持生命，丈夫沒了求生欲望，她整天以淚洗面怪自己的命苦。

有一天，她為孩子找東西時，忽然翻到那兩個鑲金邊的捲軸，順手打開一看，整個人就像觸電一樣。上面寫著：婚前選擇妳所愛的，婚後愛妳所選擇的。她不禁反問自己，婚後愛自己所選擇的了嗎？她想到自己對孩子關懷備至，卻忽視了對丈夫的關心，生活中，她只抱怨丈夫對自己不夠體貼，卻不曾好好愛過丈夫。想著想著，她走到丈夫床前，握住丈夫的手，以從未有過的溫柔對他說：「我們愛你，這個家不能沒有你，你一定要堅強地活下去！」一直不肯洗腎的丈夫，聽了這句溫柔的話後，竟接受了治療，身體一天天好起來，一家人相親相愛。

結婚之前，選擇妳所愛的；結婚之後，愛妳所選擇的人。選擇之前，就應該為所選擇的一切做好負責的準備。

努力去愛妳所選擇的吧，這是對自己幸福的交代。

蓮心智慧之聰敏：生活的幸福大廈是用雙手建造的。唯一的材料，就是愛。

妳的孝等於妳對他的愛

婚後，靜竹總覺得自己為老公付出太多，尤其是還要照顧年邁的婆婆，覺得負擔累累，不堪重荷。不由得生出許多抱怨：這樣的生活，簡直就是損耗和折磨。曼詫異地對她說：「難道，照顧自己的母親不是幸福而是折磨？」

靜竹聽到「母親」二字，才發覺自己一直沒有發自內心地將婆婆當做自己的母親來看。正是因為這樣，才覺得累。假如是自己的生母，一定不會這樣覺得。

一位印度教徒，步行到喜馬拉雅山的聖廟去朝聖。路途非常遙遠，山路非常難行，空氣非常稀薄，他雖然攜帶很少的行李，但沿途走來，還是顯得舉步維艱，氣喘如牛。

他走走停停，不斷往前遙望，希望目的地趕快出現眼前。就在他的上方，他看到一個小女孩，年紀不會超過十歲，背著一個胖嘟嘟的小孩，也正緩慢地向前移動。她喘氣得很厲害，也一直在流汗，可是她的雙手還是緊緊呵護著背上的小孩。

印度教徒經過小女孩的身邊，很同情地對小女孩說：「我的孩子，妳一定很疲倦，妳背得那麼重！」

小女孩聽了很不高興地說：「你背的是一個重量，但我背的不是一個重量，他是我弟弟。」

如果要從人類所有的感情中找到一種最可靠最溫暖的感情，那無疑就是親情。然而我們在與親人相處的時候，總是容易忽略這一點。進而產生許多矛盾。其實，與親人間的很多問題，只要能想到對方是妳至親至近的人這一點，就很容易迎刃而解了。

靜竹愛自己的老公，照顧他的母親，也就等於對老公的愛。這是很簡單的事情。就像一位作家說：「任何事情，只要心甘情願，總是能變得簡單。」

古語有云：「老吾老，以及人之老，幼無幼，以及人之幼。」更何況是自己婆婆呢。所以，盡一份孝心吧，哪怕就當是為了他。

蓮心智慧之孝順：愛他的家人，等於更好地被愛與愛他。

出軌是對出軌者的懲罰

人都是有倦怠期的。對於婚姻，亦是如此，七年之癢並非傳說。出軌，這個詞無疑很好地形容了那些在婚姻的行程上出錯的人出軌了，也就意味著誤入歧途走投無路了。而出軌本身，即是對出軌者的懲罰。

一對結婚二十五週年的夫妻在慶祝他們六十歲的生日。他們恰好在同一天出生。慶祝活動中，一位仙女出現了。她說，由於他們是已經結婚二十五年的恩愛夫妻，因此她許給這對夫妻每個人一個願望。

妻子想周遊世界。仙女招了招手。「呼！」的一聲，她的手中出現了一張車票。

接下來該丈夫許願了。他猶豫片刻，害羞地說，「那我想要一位比我年輕三十歲的女人。」仙女拾起了魔術棒。「呼！」，他變成了九十歲的老頭。

這個笑話告訴我們，那些花心的試圖出軌的男人，往往是搬起石頭砸了自己的腳。就像歌裡面唱的那樣：「愚蠢得愉快得，遲早得到懲罰。」想想看，一個原本擁有美好家庭的人，為了貪圖一時的快樂，不惜動搖、甚至犧牲自己原本的安逸舒適的家庭，這是多麼愚蠢的行為，而他貪圖的快樂，也遲早會變做悔恨和懲罰，妳甚至都不用去為他的背叛傷心難過——背叛妳，已經是對他最大的懲罰了，不是嗎？

女人一定要愛惜自己的心，不要為了不值得事情傷心費心，白白磨損了感情，消耗了元氣。感情要花在有愛的地方，對於一個背叛妳的人，不管他愛不愛妳，「背叛」這種行為總不會是愛的表現，對於我們來說，能夠接收、感受到的愛才是可以養心的愛。所以，就讓出軌來懲罰出軌的那個人吧，我們連懲罰都不必去做。

蓮心智慧之雍容：多讀一些書，讓自己多有一點自信，加上妳因了解人情世故而產生的一種對人對物的愛與寬恕的涵養。那時，妳自然就會有從容不迫、雍容高雅的風度。

妳什麼也沒有失去

一個燃燒著晚霞的傍晚，禪師划船到河的對岸去，看見一個美麗的少婦投河自盡，便把她救了上來。

少婦悲憤欲絕地說：「師傅，妳為什麼要度我？我不想活了！」

禪師說：「普度眾生是佛祖的本真。既然度了妳，說明和妳有緣。妳告訴我，年紀輕輕，為什麼輕生？」

少婦說：「我結婚剛剛一年，丈夫就遺棄了我。我活著還有什麼意思呢？」

禪師平靜地說：「那妳告訴我，一年以前妳生活得怎麼樣？」

少婦眼中透出光亮，充滿嚮往：「那個時候我很快樂，無憂無慮。生活充滿了希望。」

禪師問：「那個時候，妳有丈夫嗎？」

少婦說：「當然沒有啊。」

禪師說：「我的這艘船，又把妳渡回了一年前，妳現在還和一年前一樣，什麼也沒有失去啊。妳還有什麼過不去的呢？」

少婦豁然開朗，是啊，我什麼也沒有失去，只不過又回到了以前無憂無慮的日子，有什麼想不開的呢。

佛說，我們赤裸裸而來，也必將赤裸裸而去。就像歌裡唱的：「我們生來就是孤獨。」婚姻只是我們所選擇的歸屬，但並不是我們的全部。就好比，婚姻是一座大陸，而我們每個人都是獨立的島嶼，一個人必須成為最堅固的島嶼，然後才能成為大陸的一部分。失去婚姻，不過是回到了作為島嶼的自己，就像一切從頭來過。

相守一生，當然是很浪漫很甜蜜的一件事。分道揚鑣，也可以是生命裡的一次新生的機會。

蓮心智慧之恬淡：來時糊塗去時迷，空在人間走一回。生我之前誰是我，生我之後我是誰？不如不來亦不去，也無歡喜也無悲。

總有一天有人先走

總會有這麼一天的。世界最疼妳的那個人，被死神帶走。

這一天來臨的時候，我們頓感天崩地裂，彷彿世界末日。其實，仔細想來，親人走在我們前面也算是一樁幸事——至少親人不用承擔這種「天崩地裂」的痛苦。

有位情緒低落的女人，和良夜禪師談起她因先生的去世，以致悲痛久久無法平撫。良夜禪師安慰她，並請她反過來想一想，「如果今天是妳先走的話，那情況又會如何呢？」

她回答說：「我們感情很好，我想他也一定會很悲傷的。」

「是啊！他也會跟妳一樣非常悲傷難過。」良夜禪師同意的說，「然而現在妳先生並不用承受打擊，使他免於受苦的人正是妳。如果他知道的話，一定也會希望妳快樂起來，且勇敢地活下去，不是嗎？」

我們何不認為，親人的走，只是去了一個類似天堂的地方呢？雖然他離開我們了，但是一直生活在我們的內心和記憶裡。我們熟悉他們的話語，即便是他們不在了，我們也能替他說出來給自己聽。而我們知道，他在一個類似天堂的地方生活著，和原來並無不同。

人生中的所有遭遇，都帶有許多不同的意義，只要妳願意去發掘，願意重新詮釋過往的經驗，結果也將大不同。普魯斯特（Marcel Proust）曾說：「真正的發現之旅，並不在於尋求新景觀，而在於擁有新的眼光。」只要調整自己的眼光，妳的世界也將變得不一樣。

如果親人比我們先走，也許這是命運交給我們的神聖的送別儀式，能夠有機會陪著最親的人靜靜走完人生最後一步，未嘗不是一種幸福。我們要知大體識大理地將這生命副產出的悲痛深深葬於漫漫人生長路上，並以幸福的姿態，走到終點。

蓮心智慧之深遠：讓目光深遠，去窺視溫暖背後的淒涼；讓目光深遠，去體會平凡背後的高尚；讓目光深遠，去擁有烏雲背後的陽光；讓目光深遠，去構築心靈永恆的希望。

第三章　職場金剛經

《金剛經》的全名為《金剛般若波羅蜜經》（鳩摩羅什譯）。其中，「金剛」來比喻武器，取其堅固、銳利、能摧毀一切且不被萬物所破壞之義。「般若」為梵語妙智慧一詞的音譯，有「圓融無礙、恰到好處」的涵義。

職場上的「金剛經」，由十個字組成。字數雖少，但要念懂、念通，卻非易事。這十個字為——

做人於世外，做事於世內。

人生百態，難免世事紛擾，這時我們要以超然的態度去對待，這就是所謂的出世。生而為人，要做事謀生，積極主動地用有限的人生去造就更大的輝煌，這就是所謂的入世。出世與入世的態度聚於一身，看似矛盾，其實卻是一種矛盾的統一、一種互補、一種和諧。前者主要指的是人的心態，後者主要指人的行動。二者不可偏廢，更不能顛倒。

做人手世外，做事於世內。就像臘梅開在深山幽谷或名苑勝地；皆不卑不亢、傲霜鬥雪，綻放著自己的美麗。

做「她時代」的「白骨精」

二十一世紀，是「她」的世紀。早在二〇〇〇年，美國方言學會舉行了一次有趣的「世紀之字」評選，結果是「她」以絕對優勢戰勝「科學」等候選字，成為「二十一世紀最重要的一個字」。隨後，「她時代」便成為二十一世紀的一個別稱。

「她時代」有些什麼特徵呢？這個時代的特徵是：「她」開始主導消費，引領時尚，笑傲職場。「她」工作著，也美麗著；成功著，也享受著。「她」獨立，絕不附屬；精明，不失柔情；果敢，不缺乏親和力。

從炙手可熱的政壇，到風雲變幻的商界，到過去只有男人獨撐門面的各行各業，如今都活躍著女人的身影。她們是時代的幸運兒，是美麗的「白骨精」—白領、骨幹、菁英。

妳為什麼而工作

朝九晚五。日復一日，年復一年。而妳，到底為了什麼而工作？

有的人說，工作就是為了生存下來；有的人說，工作是為了做一些有意義的事情，使人不虛度年華；有的人說，工作是一種生活狀態……但是更多的時候，我們在公司裡，聽從上級的安排，做著一些身不由已的事情，看似只是為了一點微薄的薪酬而賣力地為老闆做事情。

一位心理學家在一項研究中，為了實地了解人們對於同一個工作在心理上所反映出來的個體差異，來到一所正在建築中的大教堂，對現場忙碌的敲石工人進行訪問。

心理學家問他遇到的第一位工人：「請問您在做什麼？」

工人沒好氣地回答：「在做什麼？你沒看到嗎？我正在用這個重得要命的鐵錘，來敲碎這些該死的石頭。而這些石頭又超硬，害得我的手酸麻不已，這真不是人乾的工作。」

心理學家又找到第二位工人：「請問您在做什麼？」

第二位工人無奈地答道：「為了每天五百美元的薪水，我才會做這件工作，若不是為了一家人的溫飽，誰願意做這份敲石頭的粗活？」

心理學家問第三位工人：「請問您在做什麼？」

第三位工人眼光中閃爍著喜悅的神采：「我正參與興建這座雄偉華麗的大教堂。落成之後，這裡可以容納許多人來做禮拜。雖然敲石頭的工作並不輕鬆，但當我想到，將來會有無數的人來到這，在這裡接受上帝的愛，心中就會激動不已，也就不感到勞累了。」

同樣的工作，同樣的環境，因為心態和價值觀的不同，對所做工作的總結也是這麼不同。

妳是屬於哪一類呢？法國著名作家羅曼．羅蘭說：「二個人年輕的時候需要有個幻象，覺得自己參與著人間偉大的活動，在那裡革新世界。他的感官會跟著宇宙所有的氣息而震動，覺得那麼自由，那麼輕鬆。」

如果說一個人的一生為八十年時間，除掉童年和學習生活以及老年休養的時間外，對人類社會最有意義的就是一個人一生中的工作時間，從時間度過的效益上來說，人生的重要意義主要體現在一個人的工作過程之中。不管每個人一生中的工作時間長短，也不管一個人從事怎樣的工作和職業、工作的內容對人類社會進步的作用微小或者巨大，每一個人的工作總會要對所處時代的發展和進步造成一些應有的貢獻，沒有每個人在工作中的這些貢獻，也就不會有人類社會整體意義上的進步，這也是為歷史發展所證明了的客觀事實。

工作確實是一個人一生中最有意義、最有價值的時間，人生的重要意義確實就在工作之中。

蓮心智慧之工作：除了工作，沒有哪項活動能提如此高度的充實感、表達自我的機會、個人使命感以及一種活著的理由。

成長比成功更重要

一棵蘋果樹終於開花結果了，它非常興奮。

第一年，它結了十個蘋果，九個被動物摘走，自己得到一個。對此，蘋果樹憤憤不平，於是自斷經脈，拒絕成長。

第二年，它結了五個蘋果，四個被動物摘走，自己得到一個。「哈哈，去年我得到了百分之十，今年得到百分之二十，翻了一倍。」這棵蘋果樹心理平衡了。

而它旁邊的梨子樹，第一年也結了十個梨子，九個被摘走，自己得到一個。它繼續成長，第二年結了一百個果實。因為長高大了一些，所以動物們沒那麼好採摘了，它被摘走八十個，自己得到二十個。與蘋果樹同樣從百分之十到百分之二十，但果實的數目相差二十倍。

第三年，梨子樹很可能結一千個果實……

其實，在成長過程中妳得到多少果實不是最重要的，最重要的是樹在成長！等果樹長成參天大樹的時候，妳自然就會得到更多。

我們在工作中，也如同一株成長中的果樹。剛開始參加工作的時候，妳才華橫溢，意氣風發，相信「天生我才必有用」。但現實很快敲了妳幾個悶棍，或許，妳為公司做了大貢獻沒人重視；或許，只得到口頭重視但卻得不到實際獎勵；或許……總之，妳覺得就像那棵蘋果樹，結出的果實自己只享受到了很小一部分，看起來很不公平。

為什麼付出沒有回報？為什麼為什麼為什麼……妳憤怒、妳懊惱、妳牢騷滿腹……最終，妳決定不再那麼努力，讓自己的所付出的對應自己所得到的。

不久之後，妳發現自己這樣做真的很聰明。自己安逸省事了很多，得到的並不比以前少。妳不再憤憤不平了，與此同時，曾經的熱情和才華也在慢慢消退。妳已經停止成長了。而停止成長的人，還有什麼前途、盼頭呢？

這樣的令人惋惜的故事，在我們身邊比比皆是。之所以演變成這樣，是因為那些人忘記生命是一個歷程，是一個整體。總覺得自己已經成長過了，現在是到該結果實收獲的時候了。她們因太過於在乎一時的得失，而忘記了成長才是最重要的。

蓮心智慧之成長：不要計較一時的得失，如果一定要計較，也要知道成長是一個人最重要的「得」。

成功是從選定方向開始的

一個學外貿英語的朋友剛畢業後，如願地進了一家公司做外貿業務員。可是做了不久，她就覺得那不是自己想要的工作。於是辭職，當翻譯。又做了不久，仍然覺得達不到理想狀態，於是再一次辭職，轉行教學。

現在，她仍是不知道自己到底想要怎樣的工作。算算已經畢業三年有餘，有的同學已經在自己的領域小有發展了，而這位朋友仍是一籌莫展。總是想著，假如當初堅持做外貿業務員，或許也做出一些成績了；就算是做翻譯，也小有成就了吧；而現在……

比賽爾是西撒哈拉沙漠中的一顆明珠，每年都有數以萬計的旅遊者來到這裡。可是在肯．萊文發現它之前，這裡還是一個封閉而落後的地方。這裡的人沒有一個走出過大漠，據說不是他們不願離開這塊貧瘠的土地，而是嘗試過很多次都沒有走出去。

肯．萊文當然不相信這種說法。他用手語向這裡的人們詢問原因，結果每個人的回答都一樣：從這裡無論向哪個方向走，最後還是轉回出發的地方。為了證實這種說法，他做了一次試驗，從比塞爾村向北走，結果三天半就走了出來。

比塞爾人為什麼走不出來呢？肯．萊文非常納悶，最後他只得雇了一個比塞爾人，讓他帶路，看看到底是為什麼他們帶了半個月的水，牽了雙峰駱駝，肯．萊文收起指南針等現代設備，只拄一根木棍跟在後面。

十天過去了，他們走了大約八百英里的路程，第十一天的早晨，他們果然又回到了比塞爾。這一次肯．萊文終於明白了，比塞爾人之所以走不出大漠，是因為他們根本就不認識北極星。在一望無際的沙漠裡，一個人如果憑著感覺往前走，會走出許多大小不一的圓圈，最後又回到了起點。比塞爾村處在浩瀚的沙漠中間，方圓上千公里沒有一點參照物，若不認識北極星又沒有指南針，想走出沙漠，的確是不可能的。

肯·萊文在離開比塞爾時，帶了一名叫阿古特爾的青年，就是上次和他合作的人。他告訴這位年輕人，只要你白天休息，夜晚朝著北面那顆星走，就能走出沙漠。阿古特爾照著去做，三天之後果然來到了大漠的邊緣。阿古特爾因此成為了比塞爾的開拓者，他的銅像被豎在小城的中央。銅像的底座上刻著一行字：新生活是從選定方向開始的。

沒有確定一個目標方向，就等於一切還沒開始。

蓮心智慧之方向：如果妳不知道自己該往何處去，那麼哪一種風對妳來說都是逆風。

可以相信，但別指望

在非洲，有位傳教士某日獨自進入森林時，突然發現有一頭獅子正尾隨著他。「主啊！」傳教士跪下祈禱著，「請祢保佑，走在我身後的獅子是信仰基督的好獅子。」

禱告完後一陣沉靜，傳教士也聽到獅子在禱告，「主啊！」它祈禱著說：「我非常感激祢的賜予食物。」

這個小幽默告訴我們，即便是神，有時候也是指望不了的，儘管妳相信。有句諺語說得好，「信任阿拉，但是要先繫好妳的駱駝。」的確，妳可以相信妳的神，但別忘了鎖好妳的車子；妳可以求神拜佛，但別忘了做好一切妳能夠做的。

「你相信神嗎？」眾人問檀越禪師。

「相信，」檀越禪師說，「但我更相信自己。我曾看見過這樣一件事，有一個人把一輛新的單車隨意放置在市場邊，就去買東西；第二天他才想起那輛單車，於是趕忙跑去市場，心想車子可能已經被偷走了。沒想到單車還好端端的在原地。他欣喜若狂，心想多虧老天保佑，於是跑到附近的廟裡去感謝神保護他的車子安然無恙——結果當他走出廟的時後卻發現單車不見了！」眾人大悟。

檀越禪師笑說：「妳可以相信神，但別指望老天。」

不僅僅是神，生活中很多時候，別人都是不能去百分之百指望的。可以相信，但不要指望。這是對待凡事最好的狀態了——如果不相信對方，就無法相處；如果只想著指望對方，可能會給對方帶來很大壓力，結果也可能會令自己非常失望。

最可靠的永遠是我們自己。如果妳不吃飯，不能指望神或者別人會讓妳不餓吧。只有我們自己，永遠忠於自己，毫無疑問。

蓮心智慧之自強：淌自己的汗，吃自己的飯，自己的事情自己做，靠天靠地靠祖宗，不算是好漢。

求人不如求己

一直很羨慕小朵剛畢業就到一個很理想的廣告公司做廣告，雖然她是依靠男朋友托關係進去的。沒想到沒過多久，小朵就哭著鼻子跑來傾訴自己失業了。不由驚訝地問：「男朋友那邊不是有關係的嗎？」

小朵黯然：「有關係也彌補不了我沒有經驗、能力不足的缺點啊，做出的廣告總是被上司點評為泛泛之作。」

從前，有一個人在傍晚的時候趕著回家，不巧下雨了，他又沒有帶傘，於是就躲在附近的屋簷下避雨。這時，他看到觀音菩薩從容自若地拿著傘在雨中向前趕路，不禁眼前一亮，以為這下可以蹭著觀音菩薩的傘回家了。於是向觀音菩薩說道：「大慈大悲的觀音菩薩，度我一程吧。」觀音菩薩回頭看了看站在屋簷下的他，說道：「你在屋簷下，我在雨中，難道由雨中人來度屋簷下的人？」此人不甘心，向前幾步也跨入雨中，說：「這下可以度我了吧。」觀音菩薩笑了：「我們同在雨中，唯一不同的就是我有傘而妳沒有。所以你應該求傘來度妳，而不是我。」說罷悠然離去。

又一日，逢節氣，此人去寺中拜觀音菩薩，剛走到到菩薩面前發現跪拜席上正在跪拜的，竟然是菩薩自己。菩薩起身看到這個人目瞪口呆地看著自己，不禁笑了：「人人都有難事，你們有了難事來求我，我有了難事怎麼辦？只能求自己。」

即便是無所不能而且大慈大悲的觀音菩薩，能幫助妳的，也只是在思維上點化妳，指一條路給妳。至於解決問題的關鍵，還都要靠自己才行。就像現在的職場狀態，若想找個更好的工作、躋身上流社會，我們不可避免地就會想到求人找門路、找關係等這些方式，固然，人脈是一項可利用的資源，會有一定的幫助。但是，得到之後呢，妳還是要靠自己的實力來工作，如果沒有實力，即使已經做到了那個位子上，還是會被掃地出門。就像小朵那樣。所以只能求自己，只有求己才是上上籤——求自己在日新月異的社會生活裡多多學習，多多培養自己解決當前問題、賴以進步的能力，求自己能夠像觀音菩薩度人一樣自己度自己。

身為女人，求自己的自立品質就更加高貴。也許我們總是習慣了對男人、朋友、家人的依賴，遇到事情，總是首先想到由他們來替自己解決，自己則樂於做一隻依人的小鳥。但是，妳可有想過，人的精力和能力往往都是有限的，如果妳總是依賴他們，不僅會讓他們覺得很累，而且如果不能為妳解決問題還會覺得很受挫很失敗。再說，碰上他們恰好都不在身邊的情況也是有的。當然，妳可以選擇遇事求他們讓他們幫忙解決，但妳卻不能沒有求自己的自立能力。其實要培養這個能力，也不難：

首先就是要有這樣的意識：遇到問題的時候應該首先想著自己能解決多少，還有哪些解決不了，對自己的能力有所了解，也便於以後的進步。一旦有了這個意識，就好多了。

其次，培養自己解決問題的能力：自己能解決的都盡量自己解決，不能解決的，至少要知道怎樣才能解決，然後努力做到。妳可以依靠身邊的人來解決，但是妳也必須具備這個能力才更好。

然後就是調整好心態：自立不等於喪失小鳥依人般的美好。從某種角度來看，是更美好的小鳥依人——釋放了對方的壓力，也提高了自己的品質。

蓮心智慧之自立：人貴在自立，自立必先能自強。勿依賴人，勿強求人，他人無論親疏，皆不可依賴。

時間要花在有用的事情上

世界上最公平的事情，莫過於每人每天都擁有二十四個小時。然而有的人能很好地利用僅有時間來做更多的事情，有些人卻白白地浪費掉了。

之所以會浪費掉，是因為有的人大多把時間花費在了沒有意義的事情上，就像錢鍾書老先生所說：「妳吃一個雞蛋，有必要一定看看生這隻蛋的雞嗎？」

把時間花在有用的地方，這是個不變的真理。

邀月禪師寫了一本影響力很大的書，一時之間各種採訪、來信和來電接踵而至，弄得他應接不暇，苦不堪言。這一天，又一位慕名者打來電話。

「您的大作真了不起，很希望能當面向您請教。」

「喔，謝謝。」邀月禪師回道，「不過在我們見面之前，是否能請妳回答我一個小問題？」

「當然，什麼問題？」

「有個人某天喝了一杯牛奶，他覺得非常好喝，決定非去認識一下那頭母牛不可。妳覺得這樣做有必要嗎？」

「噢，那大可不必。」

「那我們還需要見面嗎？」

「……」

一般人老是抱怨時間不夠用，卻不懂得珍惜時間，只會擔心財物上的損失，卻不擔心歲月一去不復返的損失。

失去時間就等於失去生命，因為它是「有限的」，妳無法創造，也無法花錢去買，只能不斷減少和失去。

如果妳把時間花在別人身上，就等於是用自己的生命當禮物；妳把時間花在沒有意義的心理上，那麼妳的生命又會有多大的意義呢？

蓮心智慧之節時：節時是延續生命的方式，是永保青春的祕訣。

人際關係是第一生產力

吉姆．弗雷德從小家境貧困，在他剛滿十歲的時候父親就早早地離開了人世，只留下身體單薄的母親和年幼的弗雷德。

無論生活多麼貧困、環境多麼艱難，吉姆．弗雷德和他的母親都從來沒有放棄對生活的希望。尤其是弗雷德，凡是認識他的人幾乎都會被他積極樂觀的精神所感染。不過，初次與弗雷德接觸時，大多數人還是忍不住對他的成功經歷感到驚訝：吉姆．弗雷德小時候家境過於貧困而無錢讀書，所以他的學歷極其有限——事實上，他剛剛唸完小學就被迫當起了臨時工。可是在他四十六歲的時候卻擔任了國家郵政部長的職位，在他年近五十的時候被美國的四所名牌大學授予榮譽學位，甚至羅斯福成功入主白宮，也得益於他的傾力幫助。

既沒有顯赫的家境，又沒有高深的學歷，吉姆．弗雷德究竟是靠什麼取得成功的？弗雷德在回答記者的時候說：「辛勤地工作，這就是我成功的祕訣。」記者對這個答案感到非常不滿，他幾乎想也沒想就說：「不，這不是我要的答案。我聽說您至少能隨口說出一萬個曾經認識的人的名字，這才是您獲得成功的祕訣。」年輕的記者以為弗雷德會贊成自己的觀點，並且為自己了解這麼多的訊息而感到驚訝，沒想到弗雷德卻說：「不，我至少能準確無誤地說出五萬個人的名字。並且，若干年後再遇見他們時，我依然會叫出他們的名字，我還會問候他們的妻子、兒女，以及聊起與他們工作和政治立場等相關的各種事情。」

這下輪到記者感到驚訝了，他不由得問：「為什麼你能做到這些？你有特殊的記憶能力嗎？」弗雷德接著回答道：「沒有，我只是在認識每一個人的時候，都會把他們的全名記在本子上，並且想辦法了解對方的家庭、工作、喜好以及政治立場等，然後把這些東西全部深深地刻在腦海當中；下一次見面時，不論時隔多久，我都會把刻在腦海中的這些訊息迅速拿出來。」

記住一個人，認識一個人，就等於潛在地獲得了一個機會。有研究發現，在這個世界上，任意兩個人之間建立關係，最多需要六個人，這就是六度分隔理論。這一理論在一九六〇年代由美國心理學家斯坦利．米爾格朗提出，而美國微軟公司研究人員透過計算證實了這一理論。透過準確計算，任意兩個人之間建立聯繫需要六點六人。也就是說，普通人與歌星瑪丹娜（Madonna Louise Ciccone）或英國前女王伊麗莎白二世（Elizabeth II）取得關聯，其實只需要幾個熟人而已。

我們生活的整個社會就是一張巨大的關係網。每個人都是網與網之間的交點。人際關係就像是隱形的翅膀一樣，可以使妳從一個點跳躍至另一個點。從某種意義上說，人際關係才是第一生產力。

蓮心智慧之開闊：隔閡多年未是疏，結交豈在頻起見。從教冊下路崎嶇，萬里蟾光都一片。

同事是妳進步的標籤

同一個公司同一個職位的同事，就像和妳站在同一個起跑線上水準相當的對手一樣。從某種角度來說，同職位的同事也代表了妳某個階段的能力，可以作為進步的標籤。

這個時代永遠是向前進步的，就像時間一樣，永遠是向前的。如果妳進步的速度趕不上時間和時代，那便是屬於退步了，而同事，則是妳的一個參照。

有兩個和尚住在隔壁。所謂隔壁是：隔壁那座山，他們分別在相鄰的二座山上的廟裡。

這二座山之間有一條溪。

這兩個和尚，每天都會在同一時間下山去溪邊挑水；久而久之，他們便成為好朋友了。就這樣，每天挑水，不知不覺已經過了五年。

突然有一天，左邊這座山的和尚沒有下山挑水，右邊那座山的和尚心想：他大概睡過頭了。便不以為意。哪知第二天，左邊這座山的和尚，還是沒有下山挑水，第三天也一樣。過了一個星期，還是一樣。直到過了一個月，右邊那座山的和尚，終於受不了了。心想：我的朋友可能生病了，我要過去拜訪他，看看能幫上什麼忙。於是他便爬上了左邊這座山去探望他的老朋友。等他到達左邊這座山的廟看到他的老友之後，大吃一驚！因為他的老友，正在廟前打太極拳，一點也不像一個月沒喝水的人。

他好奇地問：「你已經一個月，沒有下山挑水了，難道妳可以不用喝水嗎？」

左邊這座山的和尚說：「來來來，我帶你去看。」

於是，他帶著右邊那座山的和尚走到廟的後院，指著一口井說：「這五年來，我每天做完功課後，都會抽空挖這口井。即使有時很忙，能挖多少就算多少。如今，終於讓我挖出井水，我就不必再下山挑水，我可以有更多時間，練我喜歡的太極拳。」

很多時候，我們也如故事裡的兩個和尚一樣，每天看著自己和同事做著同樣的事情，同時上班，同時下班，好像一直都是這樣的。然而突然有一天，同事升職了、加薪了、跳槽了，妳卻迷惑了。因為，在妳沒看到他的時候，他都在默默「造井」。其實，妳也可以做個「造井」人。而且可以努力造出更多更好的井。假以時日，升職加薪跳槽的會是妳。

所以，做一個「造井」人吧。一邊工作，一邊充電，以同事為進步的標籤，步步為營，攀上人生的高峰。

蓮心智慧之向上：笨鳥先飛，勤能補拙。欲窮千里目，更上一層樓。

退步原來是向前

不少人在畢業的時候，總是心氣很高，覺得自己「寒窗十載」，學成歸來，正是大展身手的時節。一般的工作根本就不放在眼裡，妳就是好高騖遠了。眼高手低。不肯低就。就像天龍八部裡面的真龍棋局一樣，後退一步說不定能迎刃而解呢。

龍虎寺禪院中的學僧正在寺前的圍牆上，模擬一幅龍爭虎鬥的畫像，圖中龍在雲端盤旋將下，虎踞山頭，作勢欲撲，雖然修改多次，卻總認為其中動態不足，適巧無德禪師從外面回來，學僧就請禪師評鑒一下。

無德禪師看後說道：「龍和虎的外形畫得不壞，但龍與虎的特性妳們知道多少？現在應該要明白的是龍在攻擊之前，頭必須向後退縮；虎要上撲時，頭必然自下壓低。龍頸向後的屈度愈大，虎頭愈貼近地面，他們也就能衝得更快、跳得更高。」

學僧們非常歡喜的受教道：「老師真是一語道破，我們不僅將龍頭畫得太向前，虎頭也太高了，怪不得總覺得動態不足。」

無德禪師藉機說教道：「為人處世，參禪修道的道理也一樣，退一步的準備之後，才能衝得更遠，謙卑的反省之後才能爬得更高。」

這是一個典型的哲理思維：沒有後退，也就無所謂向前；有時後退，是為了蓄積更多的力量向前。

蓮心智慧之謙卑：手把青秧插滿田，低頭便見水中天；身心清淨方為道，退步原來是向前。

責備妳因為看重妳

妳新進一家公司上班，和妳一起去上班的還有一個同事。一週時間過去了，上司總是責備妳，而從不責備妳的同事。但是妳覺得妳同事還沒妳做得好。妳為此耿耿於懷。然後一個月過去了，妳發現妳已經做得能基本上不受責備了，而妳的同事，卻被炒了。妳開始明白，原來，有時候受責備絕對是一件好事。

有一位在森林裡修行的人，非常的純淨，也非常的虔誠，每天只是在大樹下思維、冥想、打坐。一天，他打坐感到昏沉，就起身在林間散步，偶然走到一個蓮花池畔，看到蓮花正在盛開，十分的美麗。

修行人心裡升起了一個念頭：這麼美的蓮花，我如果摘一朵放在身邊，聞著蓮花的芬芳，精神一定會好得多呀！於是，他彎下身來，在池邊摘了一朵，正要離開的時候，聽到一個低沉而巨大的聲音說：「是誰？竟敢偷採我的蓮花！」修行人環顧四周，什麼也看不到，只好對著虛空問說：「祢是誰？怎麼說蓮花是祢的呢？」

「我是蓮花池神，這森林裡的蓮花都是我的，枉費你是個修行人，偷採了我的蓮花，心裡起了貪念，不知道反省、檢討、慚愧，還敢問這蓮花是不是我的！」空中的聲音說。修行人的內心升起了深深的慚愧，就對著空中頂禮懺悔：「蓮花池神！我知道自己錯了，從今以後痛改前非，絕對不會貪取任何不屬於自己的東西。」修行人正在慚愧懺悔的時候，有一個人走到池邊，自言自語：「看！這蓮花開得多肥，我該採去山下販賣，賣點錢，看能不能把昨天輸的錢贏回來！」那人說著就跳進蓮花池，踩過來踩過去，把整池的蓮花摘個精光，蓮葉全被踐踏得不成樣子，池底的汙泥也翻了起來。然後，他捧著一大束蓮花，大笑揚長而去了。

修行人期待著蓮花池神會現身制止，斥責或處罰那摘蓮花的人，但是池畔一片靜默。他充滿疑惑地對著虛空問道：「蓮花池神呀！我只不過謙卑虔誠採了一朵蓮花，祢就嚴厲的斥責我，剛剛那個人采了所有的蓮花，毀了整個蓮花池，祢為何一句話也不說呢？」空中蓮花池神說：「你本來是修行人，就像一匹白布，一點點的汙點就很明顯，所以我才提醒你，趕快去除汙濁的地方，回覆純淨。那個人本來是個惡棍，就像一塊抹布，再髒再黑他也無所謂，我也幫不上他的忙，只能任他自己去承受惡業，所以才保持沉默。你不要埋怨，應該歡喜，你有缺點還能被人看見，看見了還願意糾正教導你，表示你的布還很白，值得清洗，這是值得慶幸的事呀！」

責備裡面含有希望妳改正的意味。也就是有一份別人寄託給妳的希望。所以，責備是別人對妳看重的一種體現。如果能以這樣的心態來看待責備，責備就變成了一種指明方向的鼓勵。

蓮心智慧之責備：責備，是為了不犯錯誤和少犯錯誤，能夠得到責備是一種幸運。

成為大海裡的一滴水

小葉是一家公司的創意總監。平時工作兢兢業業，井井有條，可圈可點。但是卻孤僻清高，不講人情。下屬們對此都不喜歡卻也不敢多言。而小葉自己認為，我有的是能力和實力，其他的不重要。然而好景不長，不久，部門經理找小葉談話，原來是下屬們一起向部門經理反映小葉太孤僻，大家都敬而遠之，合作起來太難，工作效率不高。部門經理說：「雖然妳的才華和能力是無可挑剔的，但是妳一個人也不能當一組人來使用。這是站在公司立場上說的。」小葉就這樣失去了原來的位置。

處在職場中，沒有那個位置是長久為我們停留的，時刻都是岌岌可危的。一個公司就是一個整體，如果妳不能融人，不能和同事們保持良好的關係，那麼，妳已經站在這個公司的門外。

佛祖釋迦牟尼曾考問他的弟子：「一滴水怎樣才能不乾涸？」弟子們都回答不出。

釋迦牟尼靜坐在蓮池之上，看著睡蓮上的一滴露珠靜靜融入池中，消失不見，然後含笑說：「把它放到江、河、湖、海裡去。」

要想保持自己不在公司裡「消失」，就要融入同事之間，成為公司大海裡的一滴水。融進人群裡，缺點會漸漸被人群所掩蓋：大家熟悉了之後，會有意識地包容對方，缺點一旦被人包容了，不凸現出來，也就無所謂缺點了。這是某種意義上的完美。

所以，敞開心扉去融入妳所在的集體吧。愛默生（Ralph Waldo Emerson）說：「找到朋友的唯一辦法是使自己成為別人的朋友。」先去包容對方的缺點，把對方包容成一個「完美」的人，對方會因此喜歡妳眼中的自己，也就樂於與妳做朋友，反過來也會包容妳的缺點，將妳包容成一個完美的人。這便是人際交往中最完美的境界。

蓮心智慧之合群：從合群中廣結人緣，從工作中發揮熱忱；從節儉中樂於取捨，從勤奮中創造明天。

給別人為妳而忙的機會

葉子去一家新公司上班，遇到什麼問題總是習慣向一些資深的同事詢問。其實有一些是自己想想就能解決的，但葉子習慣了依賴別人。

有一天，一個同事好心提醒她：「有問題不要總是麻煩別人。自己要有一定的處理問題的能力。」自此，葉子總是很小心，遇到再難的問題，也都獨自默默想盡一切辦法解決。

另一天，另一個同事問她：「怎麼從不見妳向別人請教什麼，沒遇到過問題嗎？」葉子笑著答道：「大家都忙，我不敢打擾。」同事說：「忙？妳當時來應徵時，全公司都很忙，妳要是怕打擾就直接別來應徵了。」葉子恍然一驚，有時候看似是麻煩別人，其實正是在為自己累積機會。給別人為我而忙的機會，不僅僅是對我的肯定，更是對別人的尊重。

佛光禪師有一次見到克契和尚，問道：「你自從來此學禪，好像歲月匆匆，已有十二個秋冬，你怎麼從不向我問道呢？」

克契和尚答道：「老禪師每日都很忙，學僧實在不敢打擾。」

時光荏苒，一晃又是三年過去了。一天，佛光禪師在路上又遇到克契和尚，又問道：「你在參禪修道上有什麼問題嗎？怎麼不來問我呢？」

克契和尚回答道：「老禪師很忙，學僧不敢隨便和您講話！」

又過了一年，一天，克契和尚剛好經過佛光禪師禪房外面，禪師便對克契喊道：「你給我過來，我今天有空，到我的禪室談談禪道。」

克契趕快合掌作禮道：「老禪師很忙，我怎敢隨便浪費您的時間呢？」

佛光禪師知道克契過分謙虛，這樣的話，再怎樣參禪，也是不能開悟，所以又一次遇到克契的時候，佛光禪師問道：「學道坐禪，要不斷參究，你為何老是不來問我呢？」

克契仍然說道：「老禪師，您很忙，學僧不便打擾！」

佛光禪師當下大聲喝道：「忙！忙！為誰在忙呢？我也可以為你忙呀！」

佛光禪師一句「我也可以為你忙」的話，打入克契和尚的心中，克契言下有所悟。

有的人太顧念自己，不顧念別人，一點小事，再三地煩人。我們見慣了這一類人，所以學會告誡自己能自己解決的事情盡量自己解決，不去麻煩別人。久而久之，我們達到了不再需要別人的境界，以為終於是修煉到家了。卻不知，有時候，人都有被人需要的需要，而且同時，太顧念別人，不肯為自己，也失去了很多學習的好機會。

最好的狀態則是在兩者之間找到平衡，掌握好分寸。適當地給別人為妳而忙的機會。也等於給了自己一次上進的機會。

蓮心智慧之祥和：為別人而忙，同時也讓別人為自己而忙。

打好心中的小算盤

靜竹隱隱感知上司對她有所好感。看她時的那種眼神和神態，以及話裡話外的曖昧調戲……終於，上司向她表白了。如果接受，對於個人的發展當然是好處多多，但是付出的代價也是很大的，很有可能失去自己。

思慮再三，靜竹辭職了。雖然失去了工作，但是做回了自我，避免了不想要的生活。其實，這世間的事物，無所謂得失。「喜憂參半，贏了也會是失去」，失去的同時也必將意味著另一種得到。

一位武士手裡握著一條魚來到一休禪師的房間。他說道：「我們打個賭，禪師你說我手中的這條魚是死是活？」

一休知道如果他說是死的，武士肯定會鬆開手；而如果他說是活的，那武士一定會暗中使勁把魚捏死。

於是，一休說：「是死的。」

武士馬上把手鬆開，笑道：「哈哈，禪師你輸了，你看這魚是活的。」

一休淡淡一笑，說道：「是的，我輸了。」

一休輸了，但是他卻贏得了一條實實在在的魚。

淡淡付之一笑，不計得失。心中卻自知自己的所失所得。這樣的女子，優雅、精緻、明淨。我們可以不用在乎別人眼中的輸贏、得失，但是一定要清楚自己心中的「小算盤」。

在職場上，受到上司垂青、辦公室戀情等太普遍了。有時候，我們需要像一休一樣，即使輸給別人，也要保全自己心中的「魚」。

蓮心智慧之明快：不以世俗的標準計較得失，知道自己需要什麼不需要什麼，以此來作出抉擇就不會有後悔了。

失敗是因為自己看輕自己

成功只有一種，失敗卻有各式各樣。其中的一種失敗，就是自己看輕自己。

二〇〇八年八月八日，在萬眾矚目下的表演廳裡，郎朗從容地坐在鋼琴前，彈奏著自己的驕傲和自豪。在這之前，他曾經歷了種種磨難，最後在偶然的機會下當了著名的音樂家安德烈．瓦茲（André Watts）的替補，才一舉成名。可以設想，如果當時郎朗認為自己的水平和著名音樂家的水準還差很遠，不去做替補，那麼他就不會在那個時候成名。

有個人為南陽慧忠國師做了三十年的侍者，慧忠國師看他一直任勞任怨，忠心耿耿，所以想要對他有所報答，幫助他早日開悟。

有一天，慧忠國師像往常一樣喊道：「侍者！」

侍者聽到國師叫他，以為慧忠國師有什麼事要他幫忙，於是立刻回答道：「國師！要我做什麼事嗎？」

國師聽到他這樣的回答感到無可奈何，說道：「沒什麼事要你做的！」

過了一會，國師有喊道：「侍者！」

侍者又是和第一次一樣的回答。

慧忠國師又回答他道：「沒什麼事要你做！」

這樣反覆了幾次以後，國師喊道：「佛祖！佛祖！」

侍者聽到慧忠國師這樣喊，感到非常不解，於是問道：「國師！您在叫誰呀？」

國師看他愚笨，萬般無奈地啟示他道：「我叫的就是你呀！」

侍者仍然不明白地說道：「國師，我不是佛祖，而是你的侍者呀！你糊塗了嗎？」

慧忠國師看到他如此不可教化，便說道：「不是我不想點撥妳，實在妳太辜負我了呀！」

侍者回答道：「國師！不管到什麼時候，我永遠都不會辜負你，我永遠是你最忠實的侍者，任何時間都不會改變！」

慧忠的眼光暗了下去。有的人為什麼只會應聲，被動？進退都跟著別人走，就不會想到自己的存在！難道他不能感覺自己的心魂，接觸自己的真正的生命嗎？

慧忠國師道：「還說不辜負我，事實上你已經辜負我了，我的良苦用心你完全不明白。你只承認自己是侍者，而不承認自己是佛祖，佛祖與眾生其實並沒有區別。眾生之所以為眾生，就是因為眾生不承認自己是佛祖。實在是太遺憾了！」

很多時候，不是我們沒有成功的條件，也不是我們沒有成功，而是我們低估了自己。拿破崙有句很著名的話：「不想當將軍的士兵不是好士兵。」把自己放在一個更高的位置上，以更高的眼光和姿態來審視現在的自己，這種潛移默化的心理暗示往往更容易使人成功。

妳可以失敗，因為每一次的失敗，都意味著向成功挺進了一步。但是妳不要因為看低自己而失敗，這種失敗是失敗中的失敗——把自己看高一點，是一件很容易的事，不是嗎？

蓮心智慧之自勵：人之所以能，是相信自己能。

後悔才是最值得後悔的

為了做好一個專案，蘭深夜加班加很晚。末了，伸伸懶腰說：「我真後悔年輕時候沒有好好學習。」

爸爸在旁邊聽到，不由得搖頭：「妳應該為妳還有時間後悔而後悔。從現在起，人生的字典裡不要再有後悔兩個字。」

早知如今，何必當初？遺憾的是，人生不能彩排，誰也無法預料將來會怎樣。因此，我們難免會在某個時刻感到後悔，後悔曾經的一些決定，一些遭遇。

其實，後悔是最沒有必要的情緒，「如果錯過了太陽時妳流了淚，那麼妳也要錯過群星了」，沒有任何事情值得我們來花費時間去後悔。

「早知道……當初我說……」一位弟子每想及自己曾經作錯的決定，便自責、懊悔不已。

大師聽完忍不住笑了出來，他說：「『早知道』那就表示你之前並不知道，對嗎？既然『不知道』，你需要為一件過去『還不知道』的錯誤，而懲罰自己嗎？」

「什麼？」弟子一臉愕然。

大師說：「並非每件遇到的事都可以改變，但是沒有任何事實，能在『知道』之前就改變，不是嗎？」

人非聖賢，孰能無過？今天的真理，往往就是昨天錯誤的反照；沒有昨天錯誤的經驗，有時還無法感悟到今天的真理哩！

何必自責呢？就算妳真的有錯，那也是因為妳根據自己的經驗和知識，在當時作出了自己認為最好的決定，在當時看來，並不算是錯的。

妳實在沒有必要為過去「還不知道」的結果而痛毆自己，難道錯誤給妳的打擊還不夠嗎？

蓮心智慧之無悔：後悔是耗費精神的情緒。後悔是比損失更大的損失，比錯誤更大的錯誤，所以不要後悔。

沒有伯樂我依然是千里馬

唐宋八大家之一的韓愈說：「世有伯樂，然後有千里馬。」其實，有沒有伯樂根本不會影響千里馬的存在和能力。有了伯樂，固然會將千里馬發揚光大名傳千里，但是沒有伯樂，也不會影響千里馬還是一匹名不虛傳的千里馬。

「我做不來！」有位學生說。

「為什麼做不來？」大師問。

「因為我笨！」

「妳怎麼會認為妳笨？」

「因為我總達不到父親的期望，所以他常說我是笨蛋。」

「假如有人用一根釘子把一幅畫釘在牆上，結果沒過多久便掉下來。我們可以說這根釘子不牢靠、真沒用？或者責怪這幅畫太重，而認為這是一幅不好的畫嗎？」大師問道。

「不是！」

「是啊！」大師解釋說，「妳原本就是一根好的釘子，一幅好的畫，也許是釘釘子的人釘錯了地方，不是嗎？」

不要因為遇不到伯樂，就懷疑自己笨，不是一匹千里馬。能不能遇到伯樂是運氣和際遇問題，與能力無關，與千里馬本身無關。

即使妳在某一方面「做不來」，也不代表妳不是千里馬，頂多只是說明妳不適合這個方面，不是嗎？

是金子，總會閃光的。

蓮心智慧之自豪：要有生活的願望和對本身力量的自信，那麼整個一生將會是一座最美好的時鐘。

萬物非我所屬但皆為我所用

世間的一切事物，都是獨立的個體，他們自生自滅，不為任何人所擁有。就像歌裡唱的：誰能憑愛意把富士山擁有。

不過，雖然我們不能張開懷抱去擁有，卻可以張開雙手去利用。而用得上的那些，就是屬於我們的。

眼見有一位愛書成痴的弟子，每天開口閉口都是書。遠笛禪師對他說：「妳才是自己生命的主宰，所以千萬別把書本當成了妳。」

「那麼，我們就不需要去看重別人的見解嗎？」

「剛好相反，要看重他們所說的一切，但不要受其控制。」

遠笛禪師說了一個故事——

在火車站有一位等車的年輕人正專心地看著書，後來他抬起頭來才發現到，身旁坐著一個乞丐，年輕人關心地問：「你需要什麼幫助嗎？」

乞丐說：「是的，我已經有好多天沒吃東西了，你能不能給我一點錢？就當是借我的，好嗎？」

年輕人說：「絕不要向人借錢，也絕不要借錢給人家。」他把手中的書拿給那個乞丐看，然後興奮地說：「你看！莎士比亞，這是莎士比亞說的。」

乞丐聽完後，也從口袋掏出一本又舊又髒的書，翻了幾頁，然後指著書本說：「你這個笨蛋！這是勞倫斯講的。」

書本原是幫人建立自己的思想，而不是為了取代人們的思想而寫的。妳才是自己生命的主控者，不是嗎？

我們如何能說自己擁有一本書呢？是不是，當書的思想、知識等被我們所利用的時候，我們才能說，我擁有這本書。其實，不僅僅是書，這世間的萬物，不都是這樣的嗎？雖然不屬於我們，但是卻不妨礙我們拿來利用：陽光是屬於太陽的，我們卻可以拿來取暖；微笑是屬於別人的，我們卻可以拿來欣賞；能力是別人的，我們去可以拿來利用……

萬物非我所屬，但都可以拿來利用。

蓮心智慧之善用：善於利用萬物等於掌控世界；善用的女人最有福氣。

心無外物才能讓人無所察覺

某論壇上，一個網友發了這樣一個帖子，他問大家：這個世界上有沒有那種不存在勾心鬥角、爾虞我詐的工作？最精闢的回覆是這樣的：放心吧，只要有人的地方就會有勾心鬥角。想來也是，弱肉強食，本是自然生存法則，連動物都如此，更何況人？而所有的爾虞我詐中，最怕的，就是被別人看穿妳的心跡，從而掌握妳的弱點，玩弄妳於股掌之間。

唯一不被別人看穿心跡的辦法，就是心無外物。

印度的三藏法師自詡神通，他來到慧忠禪師面前，與他驗證。慧忠謙抑地問：「久聞您能夠了人心跡，不知是否屬實？」三藏法師答道：「只是些小伎倆而已！」慧忠於是心中想了一件事，問道：「請看老僧現在身在何處？」三藏運用神通，查看了一番，答道：「高山仰止，小河流水。」慧忠微笑著點頭，將心念一轉，又問：「請看老僧現在身在何處？」三藏又做了一番考察，笑著說：「禪師怎麼去和山中猴子玩耍了？」「果然了得！」慧忠面露嘉許之色，稱讚過後，隨即將風行雨散的心念收起，反觀內照，進入禪定的境界，無我相、無人相、無世界相、無動靜相，這才笑吟吟地問：「請看老僧如今在什麼地方？」三藏神透過處，只見青空無雲、水潭無月、人間無蹤、明鏡無影。

三藏使盡了渾身解數．天上地下徹照，全不見國師心跡，一時惘然不知所措。慧忠緩緩出定，含笑對三藏說：「閣下有通心之神力，能智他人一切去處，極好！極好！可是卻不能探察我的心跡，你知道是為什麼嗎？」三藏滿臉迷惑。慧忠禪師笑著說：「因為我沒有心跡，既然沒有，如何探察？」

無論妳的心跡藏得有多深，只要存在，別人就可以探察到。只有心無外物，才能讓人無所察覺。

人的心是一個透明而巨大的容器，容納了妳的全部的情感、難以忘懷的部分往事、還有一些對未來的期待等，這些都是我們不能割捨、不能捨去的內在資產。而佛家所說的心無外物，與這些並無關聯，其實是很簡單的事情：在上班的時候，專注於工作而不去想上班以外的事情，就是心無外物；和同事們一起工作相處的時候，隨和而親切地盡量避免將自己的喜憂得失表現出來，就是心無外物；下班以後，回到自己個人的私密小世界裡，不再為工作上的事情煩惱，就是心無外物……一旦如此，上班的時候，上司便不會覺察到妳的態度有什麼異樣；同事便不會覺察到妳的立場掌握妳的利害點；那個只屬於自己的私人小世界，會變得寬敞而輕盈起來，這些對自己不僅是無形而有力的保護，更是精明的處世之道。

蓮心智慧之空靈：無我相，無他相，無長者相，五壽者相……最終與萬物同化，歸其本原真性。

失敗是成功的墊腳石

成功只需一次，而失敗總是更多。

大家都知道，愛迪生發明電燈的時候曾經試用了一千多種材料。有人問愛迪生，是什麼使你堅持不懈地試了一千多次呢？愛迪生回答：「每一次失敗，都排除了一種可能，就更接近成功一步。」幾乎所有的失敗都是如此，有人說，失敗的意義就在於更接近成功。失敗並不代表妳是一個失敗者，只是還未成功而已。

一個農民的驢子掉到了枯井裡。那可憐的驢子在井裡淒慘地叫了好幾個鐘頭，農民在井口急得團團轉，就是沒辦法把它救起來。最後，他斷然認定：驢子已經老了，這口枯井也該填起來了，不值得花這麼大的精力去救驢子。

農民把所有的鄰居都請來幫他填井。大家抓起鐵鍬，開始往井裡填土。

驢子很快就意識到發生了什麼事，起初，牠只是在井裡恐慌地大聲哭叫。過沒多久，令大家都很不解的是，牠居然安靜下來。幾鍬土過後，農民終於忍不住朝井下看，眼前的情景讓他驚呆了。

每一次砸到驢子背上的土，牠都作了出人意料的處理：迅速地抖落下來，然後狠狠地用腳踩緊。

就這樣，沒過多久，驢子竟把自己升到了井口。牠縱身跳了出來，快步跑開了。在場的每一個人都驚詫不已。

很多時候，我們遭遇的失敗，就像井口外面填進來的泥土，如果能夠善於利用這些「失敗的泥土」，我們無疑是找到了最好的墊腳石。

失敗也是值得慶祝的。至少我們努力了，至少我們有所收獲了。世間的事情沒有絕對，關鍵是我們怎麼來利用事情的有效價值。

蓮心智慧之堅強：如果說人也有九條命，那麼剩下的八條命都源於我們的堅強。

第四章　人際因果論

我們今天收穫的果，是由於昨天種了一個因。

傳統的人際關係黃金法則是這樣說的：妳想要別人如何對待妳，妳就得如何對待別人。而最新的人際關係白金法則提倡：別人希望妳如何對待他，妳就如何對待他。

顯然，若按照黃金法則，我們對待他人的方式將是同一套模式，而按照白金法則，我們處理人際關係的方式是因人而異。

妳選擇何種方式與人相處，是妳的自由。只是，妳的選擇必將決定妳人脈的廣度與深度。並進而決定妳人生的幸福與否。人際的因果，組成了我們人生的宿命。

人際關係決定成敗

出生時沒有投胎豪門，長大後也沒有嫁入豪門，這些沒有外界助力的女人，難道就只能靠自己羸弱的肩膀來承擔人生的風風雨雨了嗎？

不，妳還有外力可以依靠，那就是人際關係網。一個人的能耐有限，倘若善於整合人際資源，互通有無，共同進步，其能耐是以幾何倍數增加的。投胎豪門，那是命；嫁入豪門，那是緣。這些都是人力所難控制的。唯有經營人際關係，這一點是我們所能把握的。

妳對，世界就對

靜竹說，家庭氛圍很不和睦，和婆婆要嘛吵架要嘛很冷淡，丈夫夾在中間也很為難，不知道怎麼處理。曼問她：「妳覺得妳們家庭不和的原因在哪裡？」靜竹說：「我覺得婆婆是那種不太好相處的人，難說話，不好溝通。她總是覺得我這做得不好那做得不好。」曼說：「妳能改變她這些嗎？不能吧，否則關係也就改善了。剩下的辦法，就只能改變妳自己了，改變妳自己，要先從自己身上找原因。」

相傳在以前的一個深山老林裡，有兩座相距不遠的寺廟。甲廟的和尚們經常吵架，人人戒備森嚴，生活十分痛苦；乙廟的和尚們一團和氣，個個笑容滿面，生活快樂。甲廟的住持看到乙廟的和尚們天天和睦相處，相安無事，內心非常羨慕，卻又不知其中的奧妙所在。於是，有一天他特地來到乙廟，向一位小和尚討教祕方。

住持問：「你們有什麼好辦法使廟裡一直保持和諧愉快的氣氛呢？」小和尚不假思索地回答道：「因為我們經常做錯事。」正當甲廟的住持感到疑惑不解之時，忽見一和尚匆匆從外面回來，走進大廳時不慎摔了一跤。這時，正在掃地的和尚立刻跑過來，一邊扶他一邊道歉：「真對不起，都是我的錯。把地拖得太濕，讓你摔著了。」站在大門口的和尚見狀也跑過來說：「不，都是我的錯，沒有提醒你大廳裡正在拖地，應該小心點。」摔跤的和尚聽後沒有指責任何人，只是自責的說：「不，不是你們的錯，是我的錯。都怪我自己太不小心了，給大家添了麻煩。」

甲廟的住持看到了這精彩的一幕，恍然大悟。他終於明白了乙廟裡的和尚和睦相處的奧妙所在：凡事先從自身找原因。

很多時候，我們習慣於先從對方身上找原因，這無異於緣木求魚，只會偏離問題的解決越來越遠。「改變自己才能改變別人」即使要改變別人的不好，也得先從改變自己做起。這就需要我們先從自身找原因。

靜竹覺得婆婆不好相處，其實，客觀來說，沒有哪個人是不好相處的，只在於相處程度的快慢罷了；覺得婆婆難說話，也許是自己做的確實不夠好；至於不好溝通，溝通永遠是兩個人的事情，怨不得任何一方。以這樣的視角來看問題，就好解決多了：有些人是慢熱型的，我們要習慣於他們的慢熱；對於難說話的人，盡量自我要求高一些，至少讓對方感到妳真誠地想做好吧；溝通的責任，自己也有。接下來自己該怎麼做，就心中有數了。

我們要學會用這樣的視角來解決生活中的問題，舉一反三，觸類旁通。自己做好了，周圍的環境氛圍就好了。

蓮心智慧之醒己：先醒己，才能醒人。

相處貴在以心換心

妳會在生命中多少遇見過這樣的人，他無論在什麼方面總是比妳富足，而且他樂於幫助妳，總是布施給妳這樣那樣的好處。也就是我們通常所說的「貴人」。對於這樣的人，我們往往充滿感激但卻不知道該用怎樣的方式來表達自己的感激——他總是比妳富足，他有的遠遠高於妳所想要感激報答的。於是很多時候，我們只是心存感激，並不表示什麼。

其實，報答不在於妳一定要像他那樣布施妳一樣來布施他，一點心意，就足以布施給別人全部的欣慰了。

龍潭崇信禪師未出家前在道悟禪師的寺旁擺了一個攤，靠賣大餅為生，生活十分貧困，連住的地方都沒有，天黑了就在別人的屋簷下睡覺。

道悟禪師見他生活如此艱苦，就把寺中的一間小屋讓出來給他住，崇信為了感謝道悟禪師，每天送給道悟禪師十個大餅。每當崇信送大餅給道悟禪師的時候，道悟禪師總是非常高興地收下了，等崇信回去了，道悟禪師就叫人從十個大餅中取出一個還給崇信。這樣的情況一直持續了兩年時間。

兩年後，崇信終於忍耐不住了，他問道悟禪師：「我既然送你大餅，你為什麼要每天還我一個呢？你這樣做是因為看不起我嗎？」

道悟禪師聽了他的話，向他解釋道：「你能每天送我十個，我為什麼不能每天還你一個呢？」

崇信辯道：「我既然能每天送你十個，難道還在乎你還給我的這一個嗎？」

道悟禪師哈哈大笑說：「我不嫌你的十個多，難道你嫌我的一個少嗎？」

這幾句話讓崇信頓有所悟，從此以後他決定出家，不在沉迷在世俗的籠罩之下了，他要去尋找真正的禪理，來詮釋生命的真正意義。

道悟禪師說道：「一生十，十生百，百生千萬，萬物皆從一而生。」

崇信應道：「一生萬物，萬物皆一！」

人與人的相處之道，在於禮尚往來。孔夫子曾說：「來而不往非禮也。」就算妳的禮物與對方來說根本就是九牛一毛不值一提，但是這代表了妳的心，因此比什麼都珍貴。

雖然別人給了妳十個燒餅而妳只能給予別人一個，但是那又有什麼關係呢？不過是以心換心罷了。

蓮心智慧之報答：報答之心往往比報答本身更重要。

被喜歡從喜歡開始

一位參加多次面試但還是失敗的年輕人請教明空禪師，「要怎樣做才能給別人留下好印象？」

「不要刻意加深別人對妳的印象。」

「怎麼說呢？」

「一個人如果太在乎自己的形象，就無法呈現出最自然的表現；一個人如果無法做出最自然的表現，就很難給人留下最好的印象。」

「一旦妳想要有『什麼樣』的表現時，刻意的努力即成了障礙，因為妳想『表現的樣子』已取代了妳『原來的樣子』，不是嗎？只有不試圖去加深別人對妳的印象，最美的表達就會自然出現。妳越不想引入注意，就越使人印象深刻。」

「怎麼讓別人產生好感？」

「要讓別人對妳感興趣，那就先從自己對別人感興趣開始；要讓別人喜歡妳，那就先去喜歡對方。」

「聽起來好像很簡單。」

「沒錯，」明空禪師懇切地說，「只要把妳的注意力放在別人身上，不出多久，別人就會把注意力放在妳的身上。」

人類有一個共同的天性，就是渴望被別人關心、被人欣賞。因此，在人們曉得妳有多麼關心他們之前，是很難先關心妳的。

約瑟夫．格魯（Joseph Clark Grew）大使就說過，「外交的祕訣僅有五個字，就是『我要喜歡你』。」要讓別人對妳有好感，那就須從自己先去喜歡別人開始。

如果妳願意多去關心別人，別人就會越關心妳；妳越注意別人說的話，別人也會越注意妳說的話；妳越對別人感興趣，別人也就對妳越有興趣。同樣的道理，妳越是把注意力放在別人身上，別人也會把注意力放在妳的身上。

想要被人喜歡，就從喜歡別人開始吧。

蓮心智慧之可愛：人之所以可愛，在於這個人值得別人拿愛來愛；有什麼能值得別人拿愛來愛呢？那無疑就是妳同樣拿愛來愛人。

尊重別人的不同

人與人是不同的，聰明的女人都懂得尊重每個人的不同。

「一千個讀者裡面有一千個哈姆雷特」，每個人都有每個人的觀念和思維模式，尊重別人的意見，有時候等於給自己一個無限的機會。

有兩個人因見解不同，發生嚴重爭執，相持不下。

他們決定請德高望重的大師，主持公道。

第一天晚上甲找到了大師，說了他的看法。

大師說：「嗯！妳說的有道理。」

第二天晚上，乙也找到了大師，說了他的想法。等他說完，大師說：「嗯！妳說的有道理。」

事後，一旁的弟子不解地問：「兩個人的說法完全不同，你卻說他們都有理，怎麼可能兩個人都是對的呢？」

逐雲大師笑著對弟子說：「嗯！你說的有道理。」看弟子不解，接著說道：「同一個人、同一件事、同一個問題，只因每個人的立場不同、角度不同、見解不同，所得的『結果』也就不同。答案也許只有一個，但人卻有千百種，紛爭也就永遠都擺不平。結果，公說公有理、婆說婆有理，總而言之，誰說的都有道理。」

逐雲大師懂得尊重每個人的不同，於是便不會陷入無謂的爭執糾紛之中，只是姿態優雅地笑看眾人。

爭執糾紛在生活中是不可避免的。尊重別人的不同，會贏得良好的人脈資源。懂得尊重別人不同的女人往往最優雅聰明，不僅給了對方良好的感受和印象，而且也給予了自己寧靜和空間。

蓮心智慧之公平：天公平而無私，故美惡莫不覆；地公平而無私，故大小莫不載。

讚賞是免費的贈禮

和有形的禮物相比，讚賞既實惠又能更好地贏得別人的好感。

一天和一個朋友逛街，聽聞附近有家店的奶茶做得不錯，便前去嘗鮮。奶茶很快做好了，遞給朋友時，朋友說：「看您做奶茶真是一種享受。又靈巧又優雅。」做奶茶的女孩報之一笑。這個女孩看起來再普通不過了，靈巧、優雅等用在這裡都有點浪費。

「妳為什麼會這麼說呢?」過後我不解地問。

「我想讓這個地方多點人情味，」朋友答道，「唯有這樣，這城市才有救。」

「就僅僅一句小小的讚美就能救世?妳一個人就能救全世界?」

「我只是拋磚引玉。我相信一句小小的讚美能讓那位女孩整日心情愉快，如果她今天賣出了二十杯奶茶，她就會對這二十位客人態度和善，而這些客人受了她的感染，也會對周遭的人和顏悅色。這樣算來，我的好意可間接傳達給一千多人，不錯吧？」

「但妳怎能希望那位女孩會照妳的想法做嗎？」

「我並沒有希望她，」朋友回答，「我知道這種做法是可遇不可求，所以我盡量多對人和氣，多讚美他人，即使一天的成功率只有百分之三十，但仍可連帶影響到三千人之多。」

「我承認這套理論很中聽，但能有幾分實際效果呢？」

「就算沒效果我也毫無損失呀！開口稱讚那司機花不了我幾秒鐘，他也不會少收幾塊小費。如果那人無動於衷，那也無妨，明天我還可以去稱讚另一位女孩！」

讚美不僅僅能為我們迎來別人的良好印象，也能相應地多少改變我們周圍的環境。正如好心情是可以傳染的一樣，讚美也是可以傳染的。當一個人受到讚美後，情緒會豁然開朗地快樂起來，一個人出於這樣的狀態下，目之所及的一切也都自然地相對美好，容易發現別人的優點，容易讚美別人，依此類推地循環下去，就會發現，我們生活中的一個小小讚美，原來力量這麼大。

蓮心智慧之讚美：多讚美別人，少打擊他人。讚美敵人，敵人也會成為朋友。

種下肯定才能收獲讚美

有一位年輕太太向大師抱怨，「我先生從不肯定我，整天挑三揀四的。不管我做什麼事，他總是找出缺點來責備。」

櫻井禪師說：「喜歡責備別人是自己缺乏自信的表現，妳先生是不是有這方面的問題？」

她想了一會說：「我想很有可能。」

「如果是這樣的話，妳應該多去肯定他，提高他的自信，以減少責備。」

「我從來沒想到這點。」她叫道，「但你說對了！因為我一天到晚只注意到想聽他對我的肯定，早已忘記我上次什麼時候肯定過他了。」

喜歡責備別人，是自己缺乏自信的表現。如果我們因為自己被責備而耿耿於懷，對對方抱有怨言，只會令對方更沒有自信。他一旦更沒有自信，就更喜歡責備別人。如此惡性循環。

想要跳出這個循環，就從肯定與讚美對方開始。

人在得到肯定與讚美的時候，總是會獲得心理上的自信和安慰。一旦有了自信，心理平衡了，就很少再去責備別人。

所以，得不到肯定與讚美，並不是我們不好，而是我們沒有深入了解對方的內心，解開對方的心結。我們要試著靜下心來，從對方的言行中仔細體會對方的內心，做一個善解人意的女人。想一想，有誰會吝嗇於「甜言蜜語」的女人呢？

蓮心智慧之善解人意：與人為善，善待他人，而後才能理解人、諒解人、體察人、體現妳人格的魅力。

忍受也是有力的報復

有一位青年脾氣非常暴躁、易怒，並且喜歡與人打架，所以很多人都不喜歡他。有一天無意中遊蕩到大德寺，碰巧聽到一休禪師正在說法，恰巧說到忍耐。青年便忍不住問一休禪師：「要是受人唾面，怎麼辦？總不能還忍著吧。我一定會掄起拳頭大打出手，以報心頭之恨！」

一休禪師說：「唉！何必呢，就讓垂涎自乾吧，不要拂拭！」

「那怎麼可能？為什麼要這樣忍受？」

「這沒有什麼能不能忍受的，你就把它當做是蚊蟲之類停在臉上，不值與它打架或者罵它，雖受吐沫，但並不是什麼侮辱，微笑的接笑吧！」一休說。

「如果對方不是吐沫，而是用拳頭打過來時，那怎麼辦？」

「一樣呀！不要太在意！這只不過一拳而已。」

青年聽了，認為一休說的，太豈有此理，終於忍耐不住，忽然舉起拳頭，向一休禪師的頭上打去，並問：「和尚，現在怎麼辦？」禪師非常關切地說：「我的頭硬得像石頭，沒什麼感覺，倒是你的手大概打痛了吧！」

青年啞然，無話可說。

我們總是難以忍受陌生人偶爾輕蔑的眼神，難以忍受對手的挖苦譏諷，難以忍受不懷好意的嘲笑，難以忍受汙蔑欺騙……但是往往只有忍，才是上上策。一忍可以抵百勇。一位禪師在旅途中，碰到一個不喜歡他的人。連續好幾天，那人用盡各種方法汙蔑他。最後，禪師轉身問那人：「若有人送你一份禮物，但你拒絕接受，那麼這份禮物屬於誰呢？」那人回答：「屬於原本送禮的那個人。」禪師笑著說：「沒錯。若我不接受你的謾罵，那你就是在罵自己。」忍，不僅僅是最優雅的姿態，也是最大的進步動力。忍著一口氣，也累積了爆發的力量。待到爆發之時，那些輕蔑的眼神、挖苦諷刺、不懷好意的嘲笑、汙蔑欺騙自然都不攻而破。

對於女人來說，忍更是保持了自己風度、增加自己風韻的手段。那些睚眦必報、跳腳罵人，甚至與人抓臉揪頭髮的女人，或許有人懼怕，但絕不會有人喜歡。

蓮心智慧之忍受：六度萬行，忍為第一。世間謗我、欺我、辱我、笑我、輕我、賤我、惡我、騙我、如何處治乎？只是忍他、讓他、由他、避他、耐他、敬他、不要理他、再待幾年妳且看他。

尊重是巨大的力量

一粒向日葵種子被人不小心丟在桌子上，如果妳留心拾起，尊重這個生命，將它拾起小心放人泥土裡，來年它就是一株向日葵了；如果妳尊重一塊塊破布，將它們縫補起來，說不定它們就是一條漂亮的裙子了……妳尊重什麼，什麼就會被妳所用。人也是這樣，妳尊重誰，就會被誰尊重。

一個頗有名望的富商在散步時，遇到一個瘦弱的擺地攤賣舊書的年輕人，他縮著身子在寒風中啃著發霉的麵包。富商憐憫地將八美元塞到年輕人手中，頭也不回地走了。沒走多遠，富商忽又返回，從地攤上撿了兩本舊書，並說：「對不起，我忘了取書。其實，您和我一樣也是商人！」

兩年後，富商應邀參加一個慈善募捐會時，一位年輕書商緊握著他的手，感激地說：

「我一直以為我這一生只有擺攤乞討的命運，直到你親口對我說，我和你一樣都是商人，這才使我樹立了自尊和自信，從而創造了今天的業績……」

這就是尊重的力量。在生活工作中，如果想要激發、鼓勵一個人的潛能，就要首先尊重他。可以試想，假如當時不是富商的尊重讓他拾回了自信和勇氣，即使給了他再多的錢，他也難以擺脫貧困的命運。

先人說：「人性最深切的渴望，是得到別人的尊重。」為什麼呢？從心理學上說，人都希望被肯定、被認同，以此來滿足心理上的平衡感。而且，人們對於認同自己的人會懷有特殊的好感，因此也容易認同他。給予別人尊重，也就等於給了自己被尊重的機會。

其實，生之在這個世界上，每一個人，每一草一木，每一件事物都值得尊重。佛家常常能從一朵花裡看到一個世界，正所謂：一花一世界，一木一浮生，一草一天堂，一葉一如來，一砂一極樂，一方一淨土，一笑一塵緣，一念一清靜。

我們每個人之所以現在看起來是這個樣子，都是因為我們活了多年生命的結果。每個人的背後，都有著各自的成長的歷史，經過命運的作用，長成了現在的樣子。他就是這個樣子，怎麼能不尊重呢？在成長中，相信每個人都有各自曲折的苦衷，和身不由己的無奈，我們除了去一心一意地尊重，不應有其他譴責。

尊重萬物讓女人有了一顆琉璃般通透純美的心，尊重世人讓女人有了被世人稱道的人格魅力，尊重自我讓女人有了獨立高貴的品性。

蓮心智慧之尊重：尊重生命、尊重他人也尊重自己的生命，是生命進程中的伴隨物，也是心理健康的一個條件。

沉默是對毀謗最好的答覆

在一個重要的專案工作裡，陳經理當仁不讓地保留公司的利益，和客戶沒有談妥。客戶一怒之下用尖利的語言狠狠地譏諷經理。但陳經理連眉頭都沒皺一下。

同事都非常驚訝地問：「妳為什麼不生氣？」

「何必拿別人的錯誤來懲罰自己？」陳經理反問。

「但，他的話是那麼的不堪入耳。」

「如果有人寄封信給妳，而妳不打開，妳還會受內容影響嗎？」

對方出招過來，妳輕輕巧巧地避開，於無形之中就穩勝在握。試想，如果陳經理不選擇沉默，而是抱著報復的心態反過來再譏諷客戶，霎時可能形象就立刻低人一等了。而沉默，無疑為他樹立了崇高的形象。

世人對佛祖的尊崇，曾引起一位弟子的不滿。有一天，那名弟子竟然當著釋迦牟尼的面謾罵他。

可是，不管他罵出多麼難聽的字眼，釋尊都沉默不語，不加理會。當他罵累了，釋尊就問他：「如果有人想送禮物給對方，對方不肯接受，那麼，這份禮物該給誰呢？」

弟子不假思索地回答：「當然應該還給送禮的人哪！」

釋尊笑著又問：「對呀！就像現在，你把我罵得一文不值，但是如果我不肯接受，這些責難又該給誰呢？」

這位弟子啞口無言，頓時發覺自己的無知和淺陋。他馬上向釋尊道歉，請求原諒，同時發誓從此以後再不誹謗他人了。

沉默是金。有人說：「沉默是最難駁倒的論辯。」面對責備，一個高尚的人通常會保持緘默。所謂「孤掌難鳴」，如果妳不回應，等於他的話並沒有傳達出來，也就可以忽略不計了。

沉默，無疑是對誹謗、譏諷最好的答覆。

蓮心智慧之沉靜：即使當他是正確的時候也能保持沉默的人，離神最近；雖然言語的波浪永遠在我們上面喧譁，而我們的深處卻永遠是沉默的。

不滿別人其實是苦了自己

小玉正在上大學，為了存夠租房的錢，在課餘時間，很辛苦地去打工、跟同學借錢。同學很詫異：「為什麼不住在宿舍呢？」小玉訴苦：「不喜歡她們很八卦地談論一些無聊的人和事，還有就是放一些惡俗的歌曲。」同學勸她：「下次她們討論的時候妳也參加，置身其中，就不覺得無聊了，至於音樂嘛，妳可以和大家溝通的嘛，多介紹一些妳喜歡的歌曲，說不定她們也喜歡呢。妳這樣帶著不滿的情緒對待大家，只能令自己漸漸疏遠了大家，自己跟自己過不去。」

紫竹禪師修行多年，在六十六歲的時候，決定雲游四海，傳教立說。

一天，他走到了一個村莊裡，見有位婦人正傷心落淚。便走向前去一問究竟。婦人見是禪師，就像見了救命稻草。問到：「禪師，請問怎樣才能讓一個人的不好習慣改掉？」

紫竹禪師笑道：「怎樣的習慣算是不好呢？」

婦人說：「我婆婆帶孩子的時候不認真，跟她說了幾次，但是婆婆都這麼大年紀了，有些習慣是再也難以改變了。我很煩惱，為此跟婆婆大吵了一架，婆婆一氣之下不再做飯帶孩子，完全由我一個人來操勞了。」

紫竹禪師皺眉：「既然已經知道婆婆年紀大了習慣不好改了還要讓其改掉，這難道不是妳才應該改掉的壞習慣嗎？」

婦人說：「可是如果我不要婆婆改，她依舊會做不好吃的飯，帶孩子的時候不用心啊。」

紫竹禪師笑：「不滿人家，是苦了妳自己。」

婦人恍然大悟。

紫竹禪師接著說：「妳不要一直不滿人家，妳應該一直檢討自己才對。自己對了，世界就對了。」

我們也許總是不滿公車為什麼那麼擠，不滿上司為什麼那麼不近人情，不滿下屬為什麼那麼不懂事……其實不滿帶來的結果只會令自己情緒煩躁，苦了自己。

蓮心智慧之祥和：人生就像一場戲，因為有緣才相聚。為了小事發脾氣，回頭想想又何必。別人生氣我不氣，氣出病來無人替。我若氣死誰如意，何況傷神又費力。

輕視別人等於降低自己

阿萊剛進辦公室，就看到了一位學生模樣的女孩在幫她整理辦公桌。是新來的助理吧，阿萊心想，不過，一看就知道她是剛畢業的小女孩，都還沒脫離學生的氣息呢，能把廣告做好嗎？接下來的日子裡，很快，阿萊就發現她是一個勤快的人，平時阿萊也不交給她什麼具體的工作，但是她從來沒有閒下來的時候，哪怕僅僅是人人都嫌低下的打掃衛生。

一天，阿萊新做的文案沒有通過。正為此鬱悶之時，女孩輕輕遞上了一份文件。阿萊翻開，差點沒笑出來，最基本的格式都有問題呢。但自此之後，女孩每天都會遞過去一份文件，放在辦公桌上，有時候阿萊看都不看，直接扔垃圾桶了。但女孩還是持續著，不過可以發現，每次的文案，總比上次的要進步一點點。

忽然有一天，老闆對阿萊說：「阿萊，這次多虧了妳的助手啊，她的文案幫我們拉回了一個大客戶。」阿萊如雷轟頂，知道自己在公司的一線位置已經搖搖欲墜了。

有一次，年輕的佛陀住在舍衛城郊的吉那林精舍，可撒拉國的巴謝那迪國王聽到這個消息之後，首次前往拜訪佛陀。國王看到佛陀年紀並不大，就漫不經心地說：「老師，聽說祢已經得到最高的悟境，這是不是真的？」

佛陀回答：「是的。如果世界上有人達到最高的悟境，那個人便是我。」國王聽了，愈加輕視：「不過，像祢這樣擁有很多弟子並受人尊敬的沙門，婆羅門的人不計其數。但是，他們始終不敢說自己已經達到最高的悟境。何況，祢的年紀還輕，出家也不久。」

佛陀二十九歲出家，三十五歲悟道，當時的年紀還沒過四十歲，故而國王懷有輕視之心。佛陀卻輕輕一笑：「國王，請不要以年紀輕來輕視別人。世界上有四種事情是不可小看的：第一，不要以太子年輕而輕視他；第二，不要以為蛇小而小看牠；第三，不要以為火小而忽視它；第四，不要以為比丘年紀小而蔑視他。」

國王聽了這些話，深感佩服，於是皈依佛陀。

輕視別人，往往是變相的降低自我。再小的星星也會發光，再小的船也能遠航，如果妳輕視小星星不會發光，那麼妳也許就欣賞不到那種飄渺的光芒，如果妳輕視小船不能遠航，那麼妳也許就錯失了遠航的機會。兔子輕視了烏龜，結果輸了賽跑，我們輕視別人，往往失去了自己。

蓮心智慧之祥和：人生就像一場戲，因為有緣才相聚。為了小事發脾氣，回頭想想又何必。別人生氣我不氣，氣出病來無人替。我若氣死誰如意，何況傷神又費力。

責備的最高境界是表揚

一個孩子顫顫巍巍地將自己剛剛畫好的一幅畫給媽媽看。畫上的樹葉是藍色的，樹下的一隻動物又像貓又像狗，令人皆笑非啼。而媽媽卻由衷地表揚：「嗯，想像力好豐富哦，畫得不錯，不過，為什麼不把樹葉塗成綠色的呢？」孩子忽閃著大眼睛回答：「我聽見樹葉有沙沙的聲音，就像大海的聲音，我覺得這棵大樹是大海變來的。」

多麼有藝術氣息的孩子。如果媽媽看到畫只是一味責備，就不會發現孩子有這麼美好的想像力了。而媽媽卻是帶著表揚地責備，試探性地問「為什麼不把樹葉塗成綠色的呢」，恰到好處地指出了孩子的問題所在，而孩子的回答，則展現了他另一方面的長處。這種表揚，是昇華了的責備。

「我的孩子真是糟透了，好的都不去學，壞的全都會，為什麼會這樣？」一位母親擔心地問普雲禪師。

「因為，好的都不好學，壞的都不用學。」

「但是，」那位母親說，「我和先生天天都罵他，卻一點用都沒有。」

「當然沒用！」普雲禪師說，「沒有人會在不斷被傳達壞的訊息後變得更好。」

「那難不成還要說他好！」

「沒錯！」普雲禪師說，「只有正面的肯定才能帶出正面的行為，負面的責備是無法帶出正面的品質的。」

責備是沒有用的，如果有效的話，那些喜歡發牢騷、碎碎唸的人不早都可以高枕無憂了？就像我們常看到一些人經常嘀咕先生、太太、孩子，結果有用嗎？

「既然妳說我很壞，我就壞給妳看！」當妳一直灌輸某人他很壞的想法，他又怎麼會好起來呢？妳越責備別人，別人就表現得越差，這是人性自然的反應。

要記住，吸引蝴蝶飛來的，是花蜜而非芒刺；用蜂蜜要比用醋可以抓到更多的蜜蜂。因此，我們要把責備昇華成表揚，將「芒刺」包裝起來，以吸引更多的蜜蜂。

蓮心智慧之慈愛：母愛最偉大；把所有的責備昇華成袁揚的母親最崇高。

喚出別人對妳的好印象

一個小和尚滿懷疑惑地去見師父：「師父，您說好人壞人都可以度，問題是壞人已經失去了人的本質，如何算是人呢？既不是人，就不應該度化他。」

師父沒有立刻作答，只是拿起筆在紙上寫了個「我」，但字是反寫的，如同印章上的文字左右顛倒。

「這是什麼？」師父問。「這是個字。」小和尚說：「但是寫反了！」

「什麼字呢？」

「『我』字！」

「寫反了的『我』字算不算字？」師父追問。

「不算！」

「既然不算，你為什麼說它是個『我』字？」

「算！」小和尚立刻改口。

「既算是個字，妳為什麼說它反了呢？」

小和尚怔住了，不知怎樣作答。

「正字是字，反字也是字，你說它是『我』字，又認得出那是反字，主要是因為妳心裡認得真正的『我』字。相反的，如果妳原不識字，就算我寫反了，妳也無法分辨，只怕當人告訴妳那是個『我』字之後，遇到正寫的『我』字，妳倒要說是寫反了。」師父說，「同樣的道理，好人是人，壞人也是人，最重要在於你須識得人的本性，於是當你遇到惡人的時候，仍然一眼便能見到他的『天質』，並喚出他的『本真』，本真既明，便不難度化了。」

其實，我們與人相處的過程，也是相互度化的一個過程。人與人在一起久了，一個人的愛好、特點會潛移默化地感染另一個人，過得再久一點，日積月累，另一個人慢慢地也形成了同樣的愛好、特點。感染的過程，也是度化的過程。兩個人共同愛好、特點越多，相對來說，關係也就越親密。

而我們之所以覺得有些人無法溝通，究其原因，就是因為兩人之間的愛好、特點完全沒有重疊的部分，沒有溝通點。對於沒有溝通點的人，就需要我們去發現這個人的優點，並以此為溝通點，慢慢建立起溝通關係。就這樣開始，慢慢相互度化，假以時日，關係便會親密起來。

好印象是一個呼之欲出的東西。就藏在對方的一念之間。稍稍用心，呼喚出對方的「本真」，好印象便油然而生。

蓮心智慧之印象：世事無相，相由心生。世間萬物皆是化相，心不動，萬物皆不動，心，不變，萬物皆不變。

給予別人愛妳的機會

一個老生常談的問題：女人應該選擇愛妳的人還是妳愛的人？四平八穩的答案應該是：要看各人自己，是傾向於喜歡愛人的感覺呢還是被愛的感覺。其實，很多時候，愛人的感覺比被愛更幸福。只是我們往往因為太需要愛而忽略了自己本身的愛人能力。

王太太是個孤僻的人，跟鄰居從不往來。有一天在她正在煮飯，突然聽見鄰居李小妹尖聲哭喊，從窗戶望出去，發現一股濃煙正從李家的屋裡冒出來。王太太慌忙地跑出去，孩子的哭叫聲更大了。想必父母不在家，眼看濃煙並未夾帶著火苗，一向膽小的王太太居然鼓足勇氣衝了進去，豈知才抱起小女孩，身後突然竄起熊熊的火焰，當她用毛毯把小女孩包著衝出火窟時，已經頭髮全焦，灼傷片片。

就在這次火災發生之後，王太太的孤僻脾氣居然改了，她尤其關心李小妹，總是買些東西送給她，並問長問短，有時候李小妹不用功、不聽話，王太太可以氣得哭。許多朋友不解地問：「妳以前從來不關心鄰居，為什麼現在對李小妹甚至好得超過自己的孩子呢？」「因為我差點為她送了命！」

「差點為她送了命」，這是一句多麼意味深長的話。人們的愛，往往並不一定起於別人愛自己之後的回報，卻可能由於自己最先的奉獻與犧牲。犧牲愈大，愛得愈深。這也就是許多不心甘情願，被徵召入伍的青年，在經過保國的殊死戰之後，變成愛國鬥士的原因。

在經典文學作品《小王子》裡，小王子對所有的玫瑰花說，「她單獨一朵就比妳們全體更重要，因為她是我澆灌的。因為她是我放在花罩中的。因為她是我用屏風保護起來的。因為她身上的毛毛蟲（除了留下兩三隻為了變蝴蝶而除外）是我除滅的。因為我傾聽過她的怨艾和自詡，甚至有時我聆聽著她的沉默。因為她是我的玫瑰。」人們往往會因為對一件事情付出了努力而特別珍惜這件事情。說得再通俗點，就是我把我有的給了妳，如果妳接受了，那麼妳就是我的一部分了。人與人之間的親密關係，也就是這麼建立起來的。

給別人愛自己的機會，給別人為自己付出的機會，就等於給了別人珍惜自己的機會。尤其對於身邊那些相對來說比較孤僻的人，想盡辦法討好他們不如給他們愛自己的機會。孤僻的人一般都缺少愛，但是如果只是赤裸地給予他們愛，他們便會本能地拒絕，如果先給他們愛自己的機會，然後再給予他們愛，他們便會欣然接受了。

蓮心智慧之柔弱：柔能克剛，滴水能穿石。柔弱是女人最大的能量。

罪過屬於看到罪過的人

有一位居士，在江邊散步，看到一個船夫將沙灘上的舟推向水裡。準備載客渡江。此時剛好有一個禪師經過，這位居士一步向前，作禮請示道：「請問禪師，剛才船夫將舟推入江時，將江灘上的螃蟹、蝦、螺壓死不少，請問是船客的罪過？還是船夫的罪過？」

禪師沒有考慮，就回答道：「既不是船夫的罪過，也不是乘客的罪過！」

居士非常不解，懷疑地問道：「兩者都沒有罪過，那麼是誰的罪過的呢？」

禪師兩眼圓睜，大聲道：「是你的罪過」。

船夫為了賺錢，乘客了為了事務搭船，蝦蟹為了藏身被壓，這是誰的罪過？這不但是二者的罪過，而且也是船家，乘客，蝦蟹的罪過。但也不是三者的罪過，因為三者都是無心，「罪孽本空由心造，心若亡時罪亦亡」，無心怎能造罪？縱有罪，也是無心之罪。而這位居士無中生有，妄自分別，所以禪師才呵責「這是你的罪過」。

其實，很多時候，事物本身是無辜的，可以原諒的。只是人們強加於事物本身以不可原諒的情感，反倒認為自己是無辜的，事物是不可原諒的。我們要走出這個思維誤解。站在一個平和的角度上看待事情的自然發展。

罪過往往只屬於看到罪過的人。

蓮心智慧之遠見：不僅要看到事物的現在，更要看到事物的發展方向。以平和自然的眼光，跳出事物本事，還事物本來的面貌。

人人都需要寬恕與被寬恕

一位婦人與鄰居發生了糾紛，鄰居為了報復她，趁黑夜偷偷地放了一個花圈在她家的門前。第二天清晨，當婦人打開房門的時候，她深深地震驚了。她並不是感到氣憤，而是感到仇恨的可怕。是啊，多麼可怕的仇恨，它竟然衍生出如此惡毒的詛咒！竟然想置人於死地而後快！婦人在深思之後，決定用寬恕去化解仇恨。

於是，她拿著家裡種的一盆漂亮的花，也是趁夜放在了鄰居家的門口。又一個清晨到來了，鄰居剛打開房門，一縷清香撲面而來，婦人正站在自家門前向她善意地微笑著，鄰居也笑了。一場糾紛就這樣煙消雲散了，她們和好如初。

化解仇恨最好的辦法，就是寬恕。犯錯是平凡的，寬恕是一種超凡；犯錯就像是人生中必經的大海，而寬恕則是唯一的航船。人人都需要寬恕與被寬恕。

有一天，一位法師正要開門出去時，突然闖進一位身材魁梧的大漢，狠狠地撞在法師身上，把他的眼鏡撞碎了，還打青了他的眼皮。那位撞人的大漢，毫無羞愧之色，理直氣壯地說：「誰叫你戴眼鏡的？」法師笑了笑沒有說話。大漢頗覺驚訝地問：「喂！和尚，為什麼不生氣呀？」

法師藉機開示說：「為什麼一定要生氣呢？生氣既不能使眼鏡復原，又不能讓臉上的淤青消失，苦痛解除。再說，生氣只會擴大事端，若對你破口大罵或動粗，必定會造成更多的業障及惡緣，也不能把事情化解。」

「若我早一分鐘或遲一分鐘開門，都會避免相撞，或許這一撞也化解了一段惡緣，還要感謝你幫我消除業障呢？」

大漢聽後十分感動，自此便改掉了魯莽的壞脾氣。

妳一腳把一朵花踩碎了，但是花卻把香味留在了妳腳上。這就是寬容的魅力和風度。寬恕的本身，除了減輕對方的痛苦之外，還是在昇華自己。因為，當我們寬恕別人的時候，我們反而能得到真正的快樂。

蓮心智慧之寬恕：不能寬恕他人，就是拆掉自己要過的橋。

原諒別人才能超越傷痛

生至於這個世界上，受傷是在所難免的。而如何使傷痛痊癒也成了每個人的必修課。其實很簡單，就是原諒別人。

一個心懷傷痛無以負荷的人去拜訪殷君禪師。

「大師，怎樣才能讓人放下傷痛呢？」

「超越傷痛的唯一辦法，就是去原諒傷害妳的人。」大師說。

「就這樣，未免太便宜他了？」

殷君禪師反問：「妳真的相信，自己氣得越久，對他的折磨越厲害？」

「至少我不會讓他好過。」

「假如妳想提一袋垃圾給對方，是誰一路上聞著垃圾的臭味？是妳，不是嗎？」殷君禪師說。

「緊握著憤恨不放，就像是自己扛著垃圾，卻期望熏死別人一樣，這不是很可笑嗎？」心中貪恨的人比被恨的人更傷身心，不肯原諒別人遠比妳憤怒的對象傷妳更深。

當我們滿懷怨恨時，我們等於給了對方力量，妳痛恨的人不但會影響了妳的血壓、食慾、睡眠，也會破壞妳的健康和快樂，甚至扭曲妳的個性和人格。

想一想，當妳因痛恨而陷入愁雲慘霧時，對方會損失什麼？他根本不痛不癢，不是嗎？就算讓妳的敵人知道，妳因他而苦惱、抑鬱、痛苦，我想他只會更得意而已。不肯原諒的結果，受到傷害最大的還是自己。只有寬恕，才能從那些傷害妳的人身上，奪回自己的力量。

蓮心智慧之原諒：原諒別人等於解脫自己。

莫做熱衷八卦的長舌婦

無聊男：世界最長舌的是女人。

長舌女：我覺得世界上最無聊的是男人！

男：「我說話是有根據的，妳昨天是不是和小詠為了一件小事爭了三小時？」

女：「這，這，你怎麼知道！？」

男：我從頭聽到尾！

似乎，女人天生就愛八卦，愛唾沫四飛地傳播一些道聽途說的事情，或三五成群地議論他人是非。

有個長舌婦急急忙忙地跑到大師那，說：「我有個祕密要告訴妳……」

「等一等，」大師打斷她的話，「妳要告訴我的消息，用三個篩子篩過了嗎？」

「三個篩子？哪三個篩子？」長舌婦不解地問。

「三個篩子，第一個叫真實。妳要告訴我的消息，是真的嗎？」

「不知道，我是從街上聽來的……」

「現在請用第二個篩子來翻查。妳要告訴我的消息如果不是真實的，至少也該是善意的吧！」

長舌婦躊躇地說：「不，剛好相反……」

大師接著說：「那麼我們再用第三個篩子。我再請問妳，使妳如此激動的消息真的很重要嗎？」

「並不重要。」長舌婦不好意思地回答。

大師說：「既然妳要告訴我的事，既不真實，也非善意，更不重要，那就別說吧！如此，那個消息便不會困擾妳我了。」

真正值得去說的話，無非是這三類：真實的，用來傳達某種訊息；善意的，用來安慰別人；重要的，非說不可。其他的，說不說無所謂的時候，最好還是不要說——一來語言裡面可能會暴露出妳的一些特點，容易被別人察覺到妳的弱點暗地掌控妳，二來對方未必想聽，白白浪費了自己的感情。

所以，我們在說話前，盡量拿這「三個篩子」過濾一下。時間久了，就會形成良好的習慣。

蓮心智慧之口才：成功、幸福永遠離不開好口才。

妳不必負全部責任

感情，說白了就是擔當和責任。

身邊的朋友出現危難之時，我們總覺得自己有所責任，於是給予幫助。尤其是當其做了錯誤的決定，誤人歧途之時，我們更是恨不得如雷灌頂地把對方拉回正道。如果對方執迷不悟，我們便會因此無能地自責。其實，完全沒有必要沉重地將責任歸於自身。盡力而為，無愧我心就夠了。

有個人一而再、再而三地勸告一位落魄潦倒的朋友，別再墮落下去了，該找點正事做，朋友依然故我不為所動，讓他感到非常挫敗。

無名禪師聽完後，問道：「如果有間房子正在淹水，眼見水位越來越高，然而屋子裡有個大胖子卻還在呼呼大睡，你會怎麼辦？」

「把他抬出去！」

「不，」無名禪師說，「這胖子太重了，又有淹水，怎麼抬？」

這個人想了一會，才似有所悟地說，「搖醒他！」「沒錯，你只需要喚醒他，但不必把人都扛在身上，懂嗎？」無名禪師說。

肯基瑟說過這麼一句至理名言：「妳的生命若沒有界限，別人就會進入妳的生活，停留在妳不希望耽延和他們不應該存在的地方。」

一個人最聰明的地方就是明白自己能做什麼，不能做什麼；該做什麼，不該做什麼。朋友誤人歧途了，我們能做的，就是傾盡全力把他拉回正道。當然，我們不是上帝，能不能回到正道，關鍵還在於他自己，而我們努力過，盡力過，就夠了。三毛說得好，「凡事但求無愧於心」。

我們無需苛求自己做個上帝，凡事盡力而為即可，沒有必要負全部責任。不是嗎？

蓮心智慧之明理：明理使人生井井有條。明理的女人最值得尊敬，最受歡迎。

第五章　生平常禪

禪源於印度，創立於中國，後來傳到日本、朝鮮、歐美等國家。美國的資深禪師貝達寫的《平常禪》（胡因夢譯），於二〇〇七年出版，在國內風行一時。

所謂「平常禪」，指的是在日常生活中的禪心修養。貝達認為修身最重要的是安住於當下，活出禪的身心體悟。

作為最貼近柴米油鹽、鍋碗瓢盆的女人，如何在瑣碎的生活中輕舞飛揚？

把日子過成一首詩

幾乎每個人，在年少時候都曾有過詩情畫意。一些人收起了天光雲影裡的翅膀，落回紅塵，按部就班地過完一生；另一些人則一心飛向金星落處的天空。也許過了人生中的某一階段，詩意便會像自然法則一樣從我們的身上退去，取而代之的是柴米油鹽的庸俗和無趣……像一位作家所說：「也許每個人生命中都有兩份情懷。一份是凡俗生活裡的舉案齊眉，一份是夢一樣的風花雪月。留在紅塵，再新鮮的情懷也被日子醃成了鹹菜，可真的隨夢而去，又未免有些高處不勝寒。」

其實，如果妳有一顆靈動的心，任何生活都能過成一首詩般的美好。

順其自然好好生活

有位婦人去找人算命，回來之後覺得非常擔心、疑惑，她告訴了菩提禪師，「一些未來即將發生的事一直困擾著我，我該怎麼辦？」

「宇宙間只有一件事是確定的，那就是『沒有確定的事』。」菩提禪師繼續說：「我有位朋友的太太去找人算命，回來後也跟妳一樣變得常擔憂。」

朋友覺得奇怪，便問：「到底是怎麼回事？」

她說：「算命的說了一些話，讓她覺得很擔心。」

朋友說：「不要擔心，生命是無常的，根本沒有什麼是確定的，我告訴妳，只有愚蠢的人才會確定。」

他太太問：「妳真的那麼確定嗎？」

朋友說：「完全確定！」

說完故事，菩提禪師笑著對那位婦人說：「就連告訴妳『完全確定』的人都是愚蠢的，妳還會愚蠢的確定嗎？」

如果有位算命先生告訴妳某年某月，妳將有劫難，所以妳要格外小心。試問如果小心就可以避開劫難的話，那就表示劫難（命運）並不是「確定」的，不是嗎？

其實不管任何事，如果不小心去做都可能會倒楣的；否則又怎麼會有所謂的「意外」呢？所以我們可以確定的說，只要不小心就會倒楣是確定的，對嗎？

那也未必。如果不小心耽誤了時間而錯過了死亡的班機，妳說還算倒楣嗎？

生命是無常的，沒有任何事是永遠確定的，就連告訴妳「鐵定」的人，也是不一定的，因為鐵也是會融化的。

所以，妳大可以不用擔心，順其自然，好好生活，就像歌裡唱的那樣：「遇到好事壞事我都當做是注定，注定遇到這些課程讓我來學習。」這才是最準的算命。

蓮心智慧之坦泰然：沒有所謂命運這個東西，一切無非是考驗、懲罰或補償。

有一味毒藥叫成功

這是一個膜拜「成功」的時代。書店裡、電視中、報紙上，到處充斥著對於成功者的禮讚與崇拜。

要成功，他們能成功，我們一定也能。不少人像著了魔似地念叨著：「我一定要成功！我一定能成功！」追求成功並沒有什麼錯，人活一世，就應該努力實現自己的最大價值。只是，催妳衝向成功的鼓點在妳耳邊響起時，妳是否想過對自己來說：什麼叫成功？——有錢？有名？還是什麼？

是誰斷定了沒有很多錢沒有很大權的人生就是沒有價值的人生？很多錢又是多少錢？很大權又是多大權？成功的定義一旦被物化，我們就很容易成為成功的奴隸。眼裡只有成功的人，最容易不計成本、不計後果地付出。結果，在追求成功的路上，反而主動屏棄了幸福。在獲得「成功」後，會發現：自己與幸福越來越遠……

小男孩阿里參加跑步比賽，得了第一名。當老師和同學們欣喜若狂地迎上來祝賀阿里時，阿里居然難過得流下了眼淚。是的，他的眼淚是難過的眼淚，而不是欣喜的眼淚。因為，阿里只想得第三名。

而阿里之所以只想得第三名，是因為第三名的獎品是他所夢寐以求的東西——一雙很普通的鞋子。阿里想把這雙鞋子送給妹妹，好讓妹妹每天可以穿著它，不用再光著腳上學。

但阿里還是沒有獲得第三名。他因為被別人推倒在地，情急之下爬起來就往前衝，卻不小心第一個衝過了終點。

阿里坐在地上難過地痛哭。儘管他的第一名很光彩，獎品也比第三名更豐厚，但他沒有幫妹妹贏得一雙鞋子。不僅他的妹妹沒有鞋子，阿里自己僅有的一雙鞋子，也在比賽中跑壞了。

——以上是伊朗電影《天堂的孩子》（*Children of Heaven*）裡的一個故事片段。看到這裡，不禁讓人心裡五味雜陳。小阿里的夢想很簡單，那就是得到一雙鞋子。實現這個夢想對於他來說並不難，但他不幸跑得太快。儘管他得到的貌似更多，但他並沒有成功的感覺。因為他得到的不是他所需要的。

到底什麼叫「成功」呢？在《羊皮卷》裡對於成功是這樣說的：「成功有兩種：一種是別人認為妳成功，另一種是妳自己認為自己成功。那麼哪一種最重要呢？我想單純作為一個問題來問的話，所有的人都會回答是『自己認為自己成功』最重要。遺憾的是，真正能做到表裡如一、言行一致的人不多。」

人生活在社會中，很容易被外界的聲音干擾自己的心靈。女人相對來說耳朵根子軟，更是這樣。忙忙碌碌，追這趕那，卻未曾真正想自己究竟要的是什麼。結果，費盡力氣得來的「成功」，捧在手裡卻發覺並不是自己所需要的，那將是一種多麼大的失敗！

蓮心智慧之清醒：繫有黃金的鳥不能自由地飛翔，謹防物化的成功成為妳心靈的負累。我們應該拒絕的是平庸，卻應該允許自己平凡。

不如坐下喝一杯茶

一個商人去海邊渡假。太陽剛剛升起不久，商人在碼頭上看到一個漁夫划著一艘小船靠岸，小船上有好幾尾大黃鰭鮪魚。這個商人好奇地問漁夫什麼時候出海的，漁夫回答：天濛濛亮的時候。

商人原本以為漁夫是一個歸來的夜漁人，聽到漁夫的回答後，更加好奇了。他看了看表，問：「你才出海兩個小時，為什麼不工作時間長點，好多捕一些魚？」漁夫回答：「這些魚已經足夠我一家人生活所需啦！」商人又問：「那麼你一天剩下那麼多時間都在於什麼？」

漁夫說：「我要做的事情可多了，要和村頭的老張他們打麻將，要跟自家孩子們玩一玩，中午還要睡個午覺，傍晚要和老魯喝點小酒，還要聽古老大吹牛，我很忙呢！」

在漁夫眼裡，連睡覺、玩都成為事情了。商人聽了，不以為然。商人說：「我是一個成功的商人，我建議每天多花一些時間去捕魚，到時候你就有錢去買條大一點的船。這樣就可以捕更多魚，再買更多的漁船，然後你就可以擁有一個漁船隊。到時候你就不必把魚賣給攤販，而是直接賣給加工廠，或者你可以自己開一家罐頭工廠。如此一來就可以控制整個生產、加工處理和銷售。然後你可以離開這個小漁村，搬到大城市，在那裡經營你不斷擴充的企業。」

漁夫問：「這要花多少時間呢？」

商人回答：「十五到二十年。」

漁夫問：「然後呢？」

商人大笑著說：「然後你就可以好好休息啦！」

漁夫追問：「然後呢？」

商人說：「到那個時候你就可以退休了！可以搬到海邊的小漁村去住。每天過著悠閒的日子。」

漁夫莫名其妙地望著商人：「費那麼的力氣做什麼？我還不如坐下來喝一杯茶。看我現在，不正是過著悠閒的日子嗎？」

其實，商人和漁夫的選擇，本身並沒有優劣之分，只有合適與否之別。靜下心來想一想，妳忙忙碌碌，到底追求的是什麼呢？如果妳追求的是波瀾壯闊的生活，妳完全可以按照商人的建議去做；但如果妳追求的是一種寧靜淡泊的生活，為什麼要付出那麼多？

蓮心智慧之隨意：擁有一顆平常心，我們就可以看清很多人和事的本來面目，使我們更加不再急功近利，不再憂心忡忡，那樣妳做起事來必然沉得住氣，耐得住心，有條不紊地一步一個腳印反而更容易走向成功。

每一天都是嶄新的

一位滿臉愁容的生意人來到智慧老人的面前。

「先生，我急需您的幫助。雖然我很富有，但人人都對我橫眉冷對。生活真像一場充滿爾虞我詐的廝殺。」

「那就停止廝殺唄。」老人回答他。

生意人對這樣的告誡感到無所適從，他帶著失望離開了老人。在接下來的幾個月裡，他情緒變得糟糕透了，與身邊每一個人爭吵鬥毆，由此結下了不少冤家。一年以後，他變得心力交瘁，再也無力與人一爭長短了。

「哎，先生，現在我不想跟人家鬥了。但是，生活還是如此沉重——它真是一副重重的擔子呀。」

「那就把擔子卸掉唄。」老人回答。

生意人對這樣的回答很氣憤，怒氣衝衝地走了。在接下來的一年當中，他的生意遭遇了挫折，並最終喪失了所有的家當。妻子帶著孩子離他而去，他變得一貧如洗，孤立無援，於是他再一次向這位老人討教。

「先生，我現在已經兩手空空，一無所有，生活裡只剩下了悲傷。」

「那就不要悲傷吧。」生意人似乎已經預料到會有這樣的回答，這一次他既沒有失望也沒有生氣，而是選擇待在老人居住的那個山的一個角落。

有一天他突然悲從中來，傷心地號啕大哭了起來——幾天，幾個星期，乃至幾個月地流淚。最後，他的眼淚哭乾了。他抬起頭，早晨溫煦的陽光正普照著大地。他於是又來到了老人那裡。

「先生，生活到底是什麼呢？」

老人抬頭看了看天，微笑著回答道：「一覺醒來又是新的一天，你沒看見那每日都照常升起的太陽嗎？」

生活沒有妳想像的那麼艱難，是很簡單的。簡單到經過一個黑夜重新睜開眼睛一切就可以重新開始。

很多時候，我們把生活過得過於複雜，是因為我們沒有控制住自己的心反而被心的種種情緒所控制。一件事情不可避免地發生了，我們唯一可以避免的，就是心靈將要產生的負面情緒——妳會發現生活如此簡單——如果沉重，就卸掉擔子；如果悲傷，就停止悲傷；如果絕望，就當自己已經死去，而這一秒，就是復活與新生。

每一天都是嶄新的。

快樂都是微小的事情

我們的每一天，從早上睜眼睛，起床，到晚上閉眼睛，睡覺，都是這些無以數計的小事情構成的。這便是生活。妳可以覺得生活太瑣碎如一團亂麻，也可以把每一件小事都當做妳的快樂因子。記得有位作家說：「我的快樂都是一些微小的事情。」

清晨的第一縷陽光給妳明媚一天的開始，走在路上偶爾聽到愉悅的歌聲，陌生人的微笑……正是這些微小的事情，構成了一個人快樂的全部。

小和尚向禪師請教快樂之事，禪師對他講了一個故事：有一天黃昏，莊周一個人來到城外的草地上，他很久都沒有這樣放鬆了，他一直被迫在痛苦中生活，因為沒有人能夠真正了解他。他必須強迫自己屏除雜念，因為只有那樣他才能不去想別的事情，完全沉浸在自己的生活狀態中。

他仰天躺在草地上，聞著青草和泥土的芳香，盡情地享受著，不知不覺就睡著了。他做了一個夢，在夢中，他變成了一隻蝴蝶，身上色彩斑斕，在花叢中快樂地飛舞。上有藍天白雲，下有金色的土地，還有和煦的春風吹拂著柳絮，花兒爭奇鬥豔，湖水蕩漾著陣陣漣漪……他沉浸在這種美妙的夢境中，完全忘記了自己。

突然，他醒了過來，完全不能區分現實和夢境。當他意識到這只是一個夢的時候，他說：「莊周還是莊周，蝴蝶還是蝴蝶。」

很長時間以後，他終於幡然醒悟：原來那舞動著絢麗的羽翅、翩翩起舞的蝴蝶就是他自己。然而現在他還是原來的莊周，和原來沒有任何的變化，只不過現在，他的心態和原來不一樣了。但就是享受那片刻的夢境，對他來說也是一種莫大的幸福。

禪師說：「一隻小小的蝴蝶飛入了莊周的心。這樣的小事也能讓他快樂，還有什麼事能讓他憂愁呢？」小和尚聽完禪師的話，終於明白了快樂的道理。

蓮心智慧之細膩：細膩的女人最懂生活的樂趣。

忘不掉的可以放掉

十一月的雪天傍晚，和小朵在街上散步，路邊的小店裡傳來迷醉的歌聲：「有太多往事就別喝下太少酒精。」回過頭來對小朵說：「一直覺得林夕的這句歌詞寫得太深入我心了，有時候一個人靜坐著，往事就浩浩蕩蕩、排山倒海而來，往事是美好的，但是回憶的時候卻總是傷感的，選擇用酒精來麻醉也許不錯。」

小朵問：「為什麼不忘記呢？」雪花片片散落下來。

想了想，說：「所謂的忘記，都只是騙人罷了。已經發生過的事情，不可改變的事實，怎麼能一忘就一筆勾銷呢？」

一朵雪落在小朵溫熱的臉頰上，旋即消失掉了。小朵繼續問：「為什麼不放下呢？」無言以對。茫茫大雪覆蓋了身後的腳步。不覺想起這樣一個故事：

有一個人，背著一個大包，壓得頭都抬不起也不願將包裹放下，一路上走得異常艱辛，更別說欣賞路上的風光了。

一禪大師恰好路過，看到了，就問他：「施主，敢問你身所背何物啊？」旅者說：「這包裡背的是我一路走來的辛酸、痛苦、創傷、磨難、眼淚……雖然它們很重，但正是因為有了它們，我才能堅持到今天，我才能走到這。我得靠它們才能完成我的旅程。」一禪大師聽後，只笑不語。

走了一段路，一條河擋在了他們前面，於是一禪大師和旅者一起撐了船才到對岸。上岸後，一禪大師對旅者說：「好了，現在請施主背起剛才的那條船再上路完成你的旅程吧。」旅者聽了很疑惑，問：「為什麼呀？船是用來擺渡的，我們都過來了，為什麼我還要背著它走啊？這不是很傻的行為嗎？」一禪大師說：「你不是覺得這一路上走來的所有經歷都是支撐你走下去的力量嗎？你不是要把它們都背在身上，才可以繼續前行嗎？剛才的船不是幫你過了河嗎？它也是幫你走下去的很重要的工具啊，你怎麼能把它落下？應該帶上的。」聽到這裡，旅者恍然大悟。放下背包，輕裝上陣了。

一直相信旅行者放下背包的時候並沒有忘記背包裡的一切，他只是將其放下。也只有放下，才能以更快的速度、更優雅的步調向前。而忘記，則是下下籤。且不說忘記這個說法是不是騙人的。若真的忘了，那麼多小心翼翼艱辛度過的過去便不復存在了，我們也就等於喪失了美好的財富。而放下，則是豁達的智慧：讓過去的所有都隨著時間的流逝在心的試管裡靜靜沉澱，然後將那些沉重的傾倒出來放下，就放在走過的路上，也是對過去的交代和總結。就這樣，我們只為自己只留下昇華的美好。這樣的美好留在心間，足以溫暖一生。

蓮心智慧之放下：妳放下六根、六塵、六識。當妳把根塵都放下時，妳就再也沒有對待，沒有什麼分別，甚至將妳從生死桎梏中解脫出來。

小心來路不明的討好

有一隻紅鯉魚在暴雨來臨前耐不住低氣壓，縱身躍出池塘的水面，長長地透了一口氣，並在陰沉沉地池塘上方畫下了一道紅色的絕妙的剪影。

在入水之前，牠聽到從岸上傳來了一句天籟般的讚美：「呀，一條多麼漂亮的紅鯉魚！」

紅鯉魚第一次聽到這麼心儀的讚美，激動得連拍了好幾個水花：「真是一件值得高興的事，終於有人懂得欣賞我的美了！」牠的夥伴們從來都沒有稱讚過牠。夥伴們的缺乏美感讓紅鯉魚對剛才的讚美更覺可貴，乍逢知己的驚喜充斥著牠的內心：「也許我該結識一下那個人。」

想到這些，紅鯉魚就在水中猛游了一圈，用盡力氣，閃電一般躍出水面，再一次高高地出現在池塘上方。

水外的世界真是很刺激，紅鯉魚有鯉魚過龍門的成就感，牠一邊享受著風拂過身體的涼爽與愜意，一邊睜大了眼睛去搜尋那個一生難得一遇的知音。

但牠只看到了一張網，一張鋪天蓋地的網，當那張骯髒的漁網裹住它美麗的軀體時，牠聽到了那個一模一樣的聲音：「哈，逮住了！」紅鯉魚就這樣永遠告別了生牠養牠的池塘。

為了滿足自己的虛榮心，多少女人落入「網」中！來路不明的討好，往往背後都藏著一個陰謀。我們要謹慎地應對，以免被人利用。誘惑是存於世上的奇怪東西，妳會為之瘋狂而不能自已，而它之所以存在，是因為人的一生不斷地被欲念刺激，所以為誘惑折磨一生。

佛家說，禪定入佛，香茗一盞，青燈孤影，是為清心寡慾之舉。只有清心寡慾才能清醒地對待人生，結束漫長的誘惑折磨。也只有清心寡慾，才能愈加活出真我的本質，就像一塊潔白的棉布，任憑歲月怎樣洗滌，風華褪盡，仍是不改本質。

蓮心智慧之淡然：清因悟理達慧覺，心佛啟明應萬機。寡覺除迷尋真理，欲善正德欲有為。

給妳一顆生命膠囊

生活在一個一成不變的城市裡，小朵做著一份微乎其微的工作。似乎一切並沒有什麼不好，但是這種平靜如死水沒有漣漪的生活，總是讓人覺得灰濛濛的。也許一個人工作久了，便是如此，可以選擇旅行或者休假充電。但是之後妳還是要面對工作，工作的時間長了，還是會覺得如此。

就像一個人在沙漠戈壁迷了路。茫茫天地間只有沙。來不及看來時路，亦不確定未來的方向，因此而迷失了現在的位置。不知道此時正處於人生的什麼階段，何時才能突破。

有一個人，到壯年，事業已經有了相當的基礎，可是最近卻覺得心灰意懶，有著莫名的苦悶與空虛。漸漸地愈發覺得嚴重，一直到有一天，不得不去看醫生了。他去看一位醫生，告訴他自己的身心情況。

「你並沒有什麼病」，醫生說：「如果你想治療你現在所說的病，我開個處方給你試試。」醫生隨即拿起筆紙，在四張紙上各寫了幾個字，分別把它折好，放在一個藥袋裡，送給他說：「你明天要照我的話服用，九點鐘以前自己到海邊，不能帶報章雜誌，不能聽廣播，可以帶一點午餐，到了海邊，分別在九點、十二點、下午三點和五點，依序各服用一帖。」

他半信半疑地走出診所。第二天依照醫生的囑咐來到海邊，下了車，看著無垠的大海，海風迎面吹拂。九點鐘到了，他打開第一個處方，上面寫著「諦聽」。他真的靜下心來諦聽，他聽到海濤聲，海鳥的啼叫聲，海風拂面聲，望著一碧萬頃的海和天邊的浮雲，聽著大自然的節奏。慢慢地，他忘掉了自己，而投入屬於大自然才有的安寧。他的心胸與大自然的壯闊似乎擁抱吻合為一體了。他的鬱悶被海風吹散了，被海濤洗淨了。他甚至可以聽到自己心跳的自然節拍，陶醉在無憂與忘我的清淨世界。

到了中午，他打開第二個處方，上面寫著「回憶」二字。他開始回憶自己的過去。想到少年時代的無憂無慮，想到創業時期兢兢業業的精神，想到事業初有所成的喜悅。他在海灘上悠閒地漫步，想著過去許多的綺麗往事，父母的慈愛，兄弟間海灘的嬉戲與追逐。

太陽已漸漸移到三點鐘的位子，他打開第三個處方，上面寫著「檢討你的動機」。他坐了下來，仔細地想著自己做事的動機，覺得早年創業時代，總是為了服務的觀點，熱誠地工作，而現在呢？自己好像都是為了利益，彼此強烈敵對，只顧賺錢，失掉了經營事業的喜悅，他告訴自己，人畢竟是要關懷別人才有溫暖。想到這裡，自己已深有所悟了。

到了傍晚，他打開最後一個處方，上面寫著「把煩惱寫在沙灘上」。他走到沙灘，寫下「煩惱」兩個字，一波海浪隨即淹沒了它，洗淨了它。他走向歸途，深悟人生的道理。

這個處方完全就是一顆生命膠囊。在生命的任何一個階段，都可以以此找到自己的位置，擺正自己的方向。即使沒有大海，但是我們一樣能諦聽自然的聲音，回憶自己的過去，檢討自己的動機，把煩惱放下。然後，睡一覺吧。

一覺醒來，妳將成為全世界的一部分。

蓮心智慧之明淨：亦不唸佛，亦不提心，亦不看心，亦不計心，亦不思維，亦不觀行，亦不散亂，直任運，亦不令去，亦不令往，獨一清靜，究竟處心自明淨。或可諦聽，心即得明淨。心如明淨，或可一年，心更明淨；或可三五年，心更明淨。

世上沒有難過的事

有陰影的地方是因為有光。所有不好的事，在另一個領域內，一定有好的方面。這是個相對的世界。如果沒有不好，也就無所謂好；沒有退，也就無所謂進；沒有難過，也就無所謂開心。所以，當有什麼事情讓妳難過時，一定會相對的有件事情讓妳開心。

有一位綽號「哭婆」的老婆婆，下雨她哭，天晴她也哭。

一位禪師問她為什麼而哭。

她說：「我有兩個女兒，大女兒嫁給了賣鞋的，二女兒嫁給了賣傘的。天晴時，我就想到賣傘的小女兒一定沒法過日子；下雨時，我就想到大女兒的鞋一定賣不出去。因此我天天為她們流眼淚。」

禪師開導她說：「妳不妨天晴時就想到大女兒的鞋店生意一定很好，下雨時就想到小女兒的傘一定暢銷。」

老太婆一下想通了：「對啊。」

從此，哭婆無論天晴還是下雨總是笑嘻嘻的，哭婆變成了笑婆。

如果不想面對不好，就要學會看到事物好的方面，忽略掉不好。其實很簡單：如果事情是不好的，就反過來來看待這件事情；如果事情是好的，就盡力迴避它的相反面。

落榜了，沒關係，命運又給了妳一次珍貴的重考機會；失戀了，沒關係，命運又給了妳一次美妙的重新再來的機會；失業了，沒關係，命運又給了妳一次重整旗鼓的機會；死了，沒關係，命運又給了妳一次新生的機會……

世界上從來都沒有難過的事。

每個孩子都是金子

曼一直羨慕那些會彈鋼琴的女子。想像手指在黑白的琴鍵上舞蹈，然後音樂緩緩流出，這種感覺是多麼美妙。可惜曼從小沒機會學。

於是把這種心願寄託在了女兒身上。但是女兒天生喜歡運動，一點也靜不下來好好彈奏。曼為此很苦惱。丈夫勸她說：「妳能指望王建名做針線活嗎？每個人都有每個人的特性，尊重女兒的長處就是對她最好的教育啊。」曼很茫然。

馬祖是懷讓禪師的弟子，他在般若寺修行的時候，整天盤腿靜坐，冥思苦想，希望有一天能修成正果。有一次，懷讓禪師路過禪房，看見馬祖坐在那裡神情專注，便向弟子問道：「你這樣是在做什麼？」

馬祖馬上起身答道：「我在修行，我想成佛。」

懷讓禪師聽他這樣說，就順手從地上撿起一塊磚，然後在一塊平滑的石頭上磨了起來，神情是那麼的專注和堅毅，和馬祖的神情是一樣的，有不達目的不罷休的感覺。

馬祖非常疑惑地問道：「禪師，你在做什麼呀？」

懷讓禪師答道：「我在磨磚呀，難道你看不見我在做什麼嗎？」

馬祖又問：「磨磚有什麼用呢？」

懷讓禪師說：「我在磨磚，我想把它磨成鏡子。」

馬祖說：「磚本身是沒有光的，就算磨得再平，它也不會成為鏡子的，你就不要在這上面浪費時間了。」

懷讓禪師就說：「磚不能磨成鏡子，靜坐又怎麼能夠成佛呢？」

馬祖慚愧地問道：「弟子愚笨，請師傅指點，怎麼才能成佛呢？」

懷讓答道：「有一個人在趕車，可是拉車的馬就是不走，於是他就拿起鞭子拚命地打車，馬在旁邊低著頭吃草，車子還是不動。你說是應該打車，還是應該打馬呢？」

馬祖終於醒悟了：「坐禪只是成佛的方法，若想真正地成佛，只坐禪是沒有用的，而是要從心裡面感悟。」

很多時候，我們失敗，是敗在了某一個盲點上：磚頭的材質，不可能做成鏡子；有些人，天生不適合彈鋼琴；一味坐禪而不參禪是無法成佛的……如同緣木求魚，南轅北轍。

其實每個孩子都是一塊會閃光的金子。「天生我才必有用」，父母最重要的是要辨別孩子的「材質」，然後根據這個「材質」，為孩子創造發光的機會。

每個孩子都是一塊金子。是金子，總會發光的。

蓮心智慧之怡然：孩子是女人生命裡上天賜予的最美好的禮物，怡然自得，安享天倫，孩子本身就代表了優秀，無需更優秀。

誰主宰了妳的命運

關於命運，有一句人盡皆知的名言：個性決定命運。

其實，個性變的前提，是心變。心變，態度變，行為變，習慣變，個性變，人生變，命運變。由此可見，導致命運轉變的起因，是妳自己的心。

一個生活平庸的人帶著對命運的疑問去拜訪禪師，他問禪師：「您說真的有命運嗎？」

「有的。」

「是不是我命中注定窮困一生呢？」他問。

禪師就讓他伸出他的左手指給他看說：「你看清楚了嗎？這條橫線叫做愛情線，這條斜線叫做事業線，另外一條豎線就是生命線。」

然後禪師又讓他跟自己做一個動作，他手慢慢地握起來，握得緊緊的。

禪師問：「你說這幾根線在哪裡？」

那人迷惑地說：「在我的手裡啊！」

「命運呢？」

那人終於恍然大悟，原來命運是在自己的手裡，而不是在別人的嘴裡。

原來命運就握在自己的手裡。能不能改變，問問自己的心就可以了。

蓮心智慧之知命：道之將行也與？命也。道之將廢也與？命也。

數數妳所擁有的幸福

幸福是什麼，在哪裡？常聽人說「身在福中不知福」，為什麼別人眼中的我是幸福的，而我自己卻感覺不到呢？記得古詩裡面有云：不識廬山真面目，只緣身在此山中，那麼，有沒有辦法可以讓我們身在「幸福的廬山」還能發現「廬山的真面」呢？

也許，我們可以試著數一數自己擁有的幸福。

「數數你所擁有的幸福。」雲遠禪師說，「這個練習可以讓我們重新發現生命的美好。」

有位先生聽了，竟當面哭了起來，他告訴雲遠禪師：「我錢沒了，老婆也跑了，我已一無所有，又哪來的幸福？」

雲遠禪師柔聲地問道：「怎麼會呢？你還看得見吧？」

「當然！」他不解地抬起頭來。

雲遠禪師說：「很好！所以你還有眼睛嘛！你也還聽得見，也能說話。從這些遭遇中，你有沒有得到一些經驗？」

「有。」

「所以，你怎麼能說你一無所有呢？」

原來幸福是需要提醒的。當我們感覺不到幸福的時候，不妨來數一數我們已經擁有的幸福，以此來充實內心對於幸福感的需要。

妳有沒有一個健全的身體？有沒有關心妳的父母或伴侶？有沒有愛妳且需要妳的孩子？有沒有未來的期待？——一個假期，還是一個聚會？一次等待的邀約？一件期待的夢想？

不要為自己沒有的悲傷，要為自己擁有的歡喜。多做「數數妳擁有的幸福」這個練習，才能讓心情飛揚起來。

幸福是一件細水長流的事情，需要我們站在歲月的溪水邊，不時地在陽光下細數一遍，才能確定它一直都在那裡——我們的內心深處，從未離開。

蓮心智慧之細微：女人的完美，源自於對細節的追求。

不抱怨的世界最寧靜

幾年前，在雜誌上讀過一篇文章，題目叫〈我奮鬥了十八年才和你一起喝咖啡〉，描述的是鄉下孩子和城市孩子的奮鬥史差異，引起了很多人的強烈共鳴。那個鄉下的孩子奮鬥了十八年，才能有了物質基礎和外在心情，神情自若地和城市孩子坐在一起喝咖啡。是的，有的人生下來就擁有的東西也許是有的人奮鬥一輩子也得不到的。

這個世界是不公平的。既然不公平，也就無所謂公平了。

「為什麼是我？」，一位得知自己罹患癌症的病人對大師哭訴，「我的事業才正要起步，孩子又還小，為什麼會在此時得到這種病？」

歸一禪師說：「生命中似乎沒有任何人、任何時候，適合發生任何不幸，不是嗎？」

「但是，她還那麼年輕，而且人又那麼善良，怎麼會這樣？」一旁陪她來的朋友不平地說。

「雨落在好人身上，也落在壞人身上。」歸一禪師說，「有些好人甚至比壞人淋更多的雨。」

沒錯，人與人生來就是有差異的，即使是雙胞胎，也有不同的心智和大腦。因此，人生更是沒有公平可言。

蓮心智慧之知足：禍莫大於不知足，不知滿足，進而追求，定招災禍。知其足，不追求，安於所得，無為無德，反而常常滿足。

不比較的人生最安詳

比較無處不在。人們總是希望得到最好的，因此總是反覆地比較。購買一件衣服，我們會反覆比較，最後挑選最漂亮的；選擇一所學校，我們會反覆比較然後挑選一所最好的……其實，從某種角度來說，這些比較是沒有意義的——最漂亮衣服的未必是最合適妳的；最好的學校未必培養出最出色的學生。

一切成敗結果還在於我們自己的努力。人生，無所謂比較。

有一天，一位非常自負的學者來看大師。這位學者非常有名，但當他跟大師談過話之後，他突然覺得自己「矮」了一截。

他不解地告訴大師，「為什麼我會覺得自己比較低劣？在來你這裡之前，我原本是非常有自信的，為何現在我會覺得跟你比起來，我實在是微不足道呢？」

由於整天都有很多人來看大師，大師說：「這樣吧！等其他人都走了，我再回答你。」

到了晚上，所有的人都走光了，學者便說：「現在你可以回答了嗎？」

「我們到外面來。」

那是一個滿月的夜晚，月亮非常的皎潔明亮。

大師說：「注意那些樹，這棵樹直入雲霄，但是它旁邊這一棵很小，它們在我的屋旁很多年了，從來沒有問題，那棵小樹從來不曾對大樹說『為什麼我在你的面前會覺得比較低劣？』這棵樹很小，而那棵樹很大，但為什麼我從不曾聽到它們有任何耳語呢？」

那位學者說：「因為它們不會比較。」

大師回答：「那麼你不需要問我，妳已經知道答案了。」

多半的時候，一個人的不快樂，常源自於「和別人比較」而忘了自己所有的，一雙眼只定睛在別人所擁有的一切，結果往往把自己陷入「矮」一截的難堪中自慚形穢。何苦呢？人與人之間，是沒有可比性的，因為，人與人的生命形態和現有條件都是不盡相同的——妳能拿一個蘋果和一件衣服進行比較嗎?所謂的比較，不過是浪費情感和時間來滿足某種心理需求罷了。

不比較的人生，最好。

蓮心智慧之平和：鳥兒都願棲息在平靜的枝頭。內心平和人生才平穩。

自殺不能解決任何問題

生活就是一張巨大的網。如果妳不能收好這張網，很可能會自己陷入網中一發不可收拾。有人乾脆說，讓死來解決一切吧。生不如死的時候，還是死比較好吧。

這無疑是鴕鳥式的逃避而已。如果妳真的死了，只是妳消失了而已，於事無補。魯迅說，真的勇士，敢於面對淋漓的鮮血，敢於直視慘淡的人生。活著，是解決一切的問題最基本的條件。

一天夜裡，破曉禪師正漫步河邊，忽見一年輕人站立在橋邊，準備要跳河。

破曉禪師突然拍手大笑。

年輕人覺得莫名其妙，回頭問道：「我覺得人生了無生趣，而你卻撫掌大笑，請問是什麼事能讓你如此高興？」

破曉禪師說：「我來這裡散步已經二十年了，不曾見過鬼，今天總算讓我見到，所以我才如此高興。」

「鬼？這裡哪有鬼？」

「你呀！妳是個膽小鬼嗎？」破曉禪師說。

「我是膽小鬼？」年輕人不悅地說，「我連死都不怕，怎麼會膽小？」

「你是敢死，但卻不敢活。」破曉禪師說，「死是容易的，只要雙眼一閉，一了百了，但活下去的勇氣才是不容易的。你說你不是膽小鬼又是什麼？」

人間有不滿，要在世間尋求解決；此岸的煩惱不可能在不可知的彼岸尋找解決之道。不要用死來解決生的問題。這就像一位不入流的棋手，在解決不了一盤難棋時，就乾脆把整盤棋都打翻，如此問題能解決嗎？我想只會留下更多的問題，不是嗎？

要記住，自殺是不能解決任何問題的，它只能解決妳自己。

蓮心智慧之勇敢：勇敢是處於逆境時的光芒。勇敢裡面有天才、力量和魔法。

倒退計劃自己的一生

二十幾歲的年紀裡，最普遍、最有代表性的詞語，就是迷茫了。

因為迷茫，我們偶爾會迷戀占卜——有沒有哪一種辦法可以一眼望盡未來呢？

其實，這是一種捨本逐末的做法——妳期望能一眼看到的未來，恰恰正是取決於妳迷茫悵然的現在。可是妳現在處於迷茫期，根本不知道該怎麼做。但是，妳一定知道自己想要的未來是什麼樣子的，對不對？就像占卜那樣，其實占卜前，我們是心存希望的——希望占卜到的，恰好和自己希望的完全吻合。

妳完全可以把自己希望的未來真的當做是自己不久就會發生、實現的未來。然後從現在開始，朝著這個未來努力。

簡單說來，就是倒退計劃自己的一生——妳希望自己擁有怎樣的生命終點，就從那個終點開始朝著現在計劃。然後從現在出發，到達那個終點。

弟子問：「人的一生如何了無遺憾？」

宇一禪師答：「將生命的終點與出發點相結合。」

「怎麼說呢？」

「以終為始，」宇一禪師說，「從死亡的那天開始，倒退計劃自己的一生。」

「那要怎麼做？」弟子疑惑地問。

宇一禪師向他建議，「妳可以想像參加自己的告別式。在告別式中，所有這一生對妳有特殊意義的人，包括配偶、子女、親友、同事等，都圍繞在妳的身旁。

請認真想一想，妳希望聽到什麼樣的評語？妳對他們有何影響？妳是個稱職的丈夫、妻子、子女或親友嗎？妳這一生有任何成就、貢獻或值得懷念的事嗎？

從今天起，把生命過程顛倒過來，此後的所作所為都以人生最終的願景為依歸，那麼，就算死了，妳也必定能了無遺憾。」

「死者的未了是活者的未來。」每個人若能以人生的最終願景為依歸，倒退計劃自己的一生，那將是最圓滿無憾的一生。

蓮心智慧之計畫：計畫的制定比計畫本身更為重要。今天所做的事情是為了我們有更好的明天。未來屬於那些在今天做出艱難決策的人們。

受傷都是自找的

女人總是會把婚姻當做畢生的追求與成就。因此，有時即使嫁錯了對象，也努力地維持著一樁笑裡藏淚的婚姻。其實，反過來想想，妳這麼累只為維持著一個並不能給妳帶來幸福的家庭，值得嗎？

「他從來沒有真心愛過我，只會逢場作戲，欺騙我的情感……」，一位剛離婚的太太淚汪汪地對青年禪師說丈夫的種種惡行。

「別太難過了。」青年禪師安慰她說，「這也算不幸中的大幸，試想，如果妳先生是真心愛妳的話，妳不就更慘了！」

「是沒錯啦！」那位太太回道，「但失去了婚姻，以後的日子叫我怎麼辦？」

「妳沒有得到的東西又怎麼失去呢？」青年禪師說，「一個欺騙的情感、一個沒有愛的婚姻、一個沒有幸福的未來，妳認為妳能從中得到什麼？」

受害者的特徵之一，就是總是在主觀意志上認為自己一定受到了某種傷害，而不去試著分析事件中得失、利害。就像這位太太，只一味地認為自己受到了分別來自兩個方面的傷害：自己沒有被愛；自己失去了婚姻。其實，試著想一下，這兩個悲劇加起來應該算個喜劇了吧——丟掉了得不到愛的婚姻，等於脫離了苦海，不是嗎？就像歌裡唱的那樣「揮別錯的才能和對的相逢」，這算是一個全新的開始吧？

世界上沒有絕對的受害者。所謂受到的傷害，都是自己強加給自己的幻覺。有位作家曾說：「傷口是別人給予的恥辱，自己堅持的幻覺。」即使妳在某一個方面感受到傷害，那也一定會在另一個方面發現幸福。而最可悲的就是我們已經把自己當做一個受害者，自怨自艾，失去了發現另一面幸福的機會與心情。

所有的傷害都是自找的。「沒有人能傷害妳，除非妳自己情願受傷」，何不做一個幸福的人，擁有一顆幸福的心。即使傷害來襲，也會被幸福的免疫力抵擋回去。

蓮心智慧之高貴：妳能把心放多高，妳的心就會有多高貴；妳能把心放多好，妳的心就會有多好。

快樂痛苦都不如平靜

曾問過一個朋友，為什麼而活，他說，為了快樂，我曾一度將快樂作為畢生追求的目標。有時，我也很快樂，但是常常，為了追求快樂而不快樂。最後，平靜下來，反而能夠做自己想做的事情。似乎這樣才是最好的狀態。

曇照禪師每日與信徒開示，都離不開：「快樂呀！快樂呀！人生好快樂呀！」可是有一次他生病了，在生病中不時叫說：「痛苦呀！痛苦呀！好痛苦呀！」

住持大和尚聽到了，就來責備他：「喂！一個出家人有病，老是喊苦呀，苦呀，不好看呀！」曇照：「健康快樂，生病痛苦，這是當然的事，為什麼不能叫苦呢？」住持：「記得當初有一次，你掉進水裡，快要淹死時，你且面不改色，那種無畏的樣子，視死如歸，你那豪情如今何在？你平時都講快樂，快樂，為什麼到病的時候，要講痛苦，痛苦呢？」

曇照禪師對住持和尚道：「你來，你來，你到我床前來！」住持到了他床邊，曇照禪師輕輕地問道：「住持大和尚，你剛才說我以前講快樂呀，快樂呀！現在都是說痛苦呀，痛苦呀！請你告訴我，究竟是講快樂對呢？還是講痛苦對呢？」人生有苦樂的兩面，太苦了，當然要提起內心的快樂；太樂了，也應該明白人生苦的真相。熱烘烘的快樂，會樂極生悲；冷冰冰的痛苦，會苦的無味；人生最好過不苦不樂的中道生活。

妳覺得快樂好嗎？可是為什麼在快樂的時候總隱隱有不安感？妳覺得痛苦好嗎？在痛苦的時候，妳又覺得時間變得那麼漫長那麼難過。

「福兮禍之所伏，禍兮福之所倚」，樂極也會生悲。人們游移於悲喜間就像被情緒玩弄的小丑。只有平靜的人，才能姿態優雅地掌控自己的情緒。中醫認為，人在處於高興的狀態時比較損耗心臟，在處於悲傷的狀態時比較損耗肝臟。只有平靜，才能養五臟。

普希金（Aleksandr Sergeyevich Pushkin）說過：「幸福的特徵就是內心的平靜。」追求快樂，結果都被快樂所傷，追求平靜，則追求到最真的心靈，最善自我，和最美的生活。

蓮心智慧之平靜：世界上的每一個人都在追求快樂，但卻沒有人真正了解什麼是快樂。平靜心是遂心，煩惱心即凡夫心。

人是一撮有生命的清茶

苦難幾乎是每個人都必然會經歷的。經歷的時候，妳甚至以為這就是人生的盡頭了。然而，卻總是「柳暗花明又一村」。為什麼我們會經歷這些「苦難」呢？孟子曾這樣解釋：「故天將降大任於是人也，必先苦其心志，勞其筋骨，餓其體膚，空乏其身，行拂亂其所為，所以動心忍性，曾益其所不能。」

一個屢屢失意的年輕人慕名尋到老僧釋圓，沮喪地說：「像我這樣的人，活著也是苟且，有什麼用呢？」釋圓聽後什麼也不說，只是吩咐小和尚：「施主遠途而來，燒一壺溫水送過來。」少頃，小和尚送來了一壺溫水，釋圓老僧抓了一把茶葉放進杯子裡，然後用溫水沏了，放在年輕人面前說：「施主，請用茶。」年輕人喝了兩口，搖搖頭說：「這是什麼茶？一點茶香也沒有呀。」釋圓笑笑說：「這是名茶鐵觀音啊，怎麼會沒有茶香？」釋圓又吩咐小和尚說：「再去燒一壺沸水送過來。」沸水送來後，釋圓起身，又取一個杯子，撮了把茶葉放進去，稍稍朝杯子裡注了些沸水。年輕人俯首去看，只見那些茶葉在杯子裡上下沉浮，一絲細微的清香裊裊溢來。年輕人禁不住欲去端那杯子，釋圓忙微微一笑說：「施主稍候。」說著便提起水壺朝杯子裡又注了沸水。年輕人再俯首看杯子，見那些茶葉沉沉浮浮得更雜亂了，同時，一縷更醇更醉人的茶香在禪房裡輕輕瀰漫。釋圓如是地注了五次水，那一杯茶水沁得滿屋生香。

釋圓笑著問：「施主可知同是鐵觀音，卻為什麼茶味迥異嗎？」年輕人思忖著說：「一杯用溫水沏，一杯用沸水沏。」

釋圓笑笑說，用水不同，則茶葉的沉浮就不同。用溫水沏的茶，茶葉輕輕地浮在水之上，沒有沉浮，怎麼會散佚它的清香呢？而用沸水沖沏的茶，沖沏了一次又一次，茶葉沉沉浮浮，就釋出了它春雨的清幽，夏陽的熾烈，秋風的醇厚，冬霜的清洌。

浮生若茶。我們何嘗不是一撮生命的清茶？而命運又何嘗不是一壺溫水或熾熱的沸水呢？茶葉因為沸水才釋放了深蘊的清香；而生命，也只有遭遇一次次的挫折和坎坷，才能留下我們一脈脈人生的幽香！

沒有苦難的人生等於沒有活過。

有一天，上帝想到很久沒有去人間了，覺得有必要去視察一下了。他想應該沒有人會認出他了，可是等他到了一片農田，一個農夫很快就認出他是上帝。於是馬上就跪在上帝面前，乞求地說：「萬能的主啊，給我一個風調雨順的年吧，讓我的作物長得好好的。」於是上帝答應了，第二年沒有大風大雨災害，作物長得很好，等到要收獲的時候，農夫發現他的麥子裡居然沒有一粒米。於是他去找上帝理論，上帝很平靜地說：「沒有經歷風雨的麥子，就像是沒有靈魂的。風是必要的；雨是必要的；蝗蟲是必要的；災害是必要的；這樣，麥子才會有米，人才會有靈魂。」

蓮心智慧之堅韌：人生其實就好像搖搖板，妳掉到最低的時候就是妳反彈高升的時候。

碩果纍纍的大樹最招石塊

「老是有人在背後說我的壞話，造謠來誣陷我。」梅子很苦悶地對老公訴苦。

「哦，看來妳在妳的公司裡有了一定的地位與成就了，我要恭喜妳。」老公這樣安慰道。

「這話怎麼說？」梅子很疑惑。

「我小時候在農村長大，發現人們只喜歡用石塊扔向碩果纍纍的大樹，對於那些結著瘦果的樹，人們懶得理會。」

梅子聽了老公的話，想了想，覺得也真是這樣，她剛從學校出來那幾年，就很少有人背後詆毀自己。看來，自己還應該為有人攻擊而慶幸與欣慰。想到這裡，梅子不禁心頭的陰霾一掃而空。

同樣一件事，妳觀察的角度不同，看法也會不同，由此而帶來的心情也會不同。當無法改變環境時，不妨改變一下自己，便會擁有另一番風景。我們若看到一個破碗，可以想：「這個碗很漂亮，可惜破了一個洞。」但妳可以反過來想：「這個碗雖然破了，但還好，只有一個洞。」

事物的本身沒有悲樂，而感受事物的心靈卻有悲觀和樂觀之分，悲者，樂者，全在於妳體味的角度。

有人問樂觀者：「假如妳一個朋友也沒有，妳還會高興嗎？」

「當然，我會高興地想，幸虧我沒有的是朋友，而不是自己。」

「假如妳正行走間，突然掉進一個泥坑，出來後妳成了一個髒兮兮的泥人，妳還會快樂嗎？」

「當然，我會高興地想，幸虧掉進的是一個泥坑，而不是無底洞。」

「假如妳被人莫名其妙地打了一頓，妳還會高興嗎？」

「當然，我會高興地想，幸虧我只是被打了一頓，而沒有被他們殺害。」

「假如妳在拔牙時，醫生錯拔了妳的好牙而留下了患牙，妳還會高興嗎？」

「當然，我會高興地想，幸虧他錯拔的只是一顆牙，而不是我的內臟。」

「假如妳正在打瞌睡時，忽然來了一個人，在妳面前用極難聽的嗓門唱歌，妳還會高興嗎？」

「當然，我會高興地想，幸虧在這裡嚎叫著的，是一個人，而不是一匹狼。」

「假如妳馬上就要失去生命，妳還會高興嗎？」

「當然，我會高興地想，我終於高高興興地走完了人生之路，讓我隨著死神，高高興興地去參加另一個宴會吧。」

這就是樂觀者看待事物的角度，從這個角度看總能發現快樂的那一面，並因此快樂。看過《美麗人生》（*La vita è bella*）的人一定都感動於爸爸基多的樂觀幽默，正是因為他的樂觀幽默，才造就了不朽經典的美麗人生。羅蘭也說過：一個人如能讓自己經常維持像孩子一般純潔的心靈，用樂觀的心情做事，用善良的心腸待人，光明坦白，他的人生一定比別人快樂得多。

蓮心智慧之樂觀：樂觀者在災禍中看到機會，悲觀者在機會中看到災禍。

比全世界五分之三的人幸福

世界上的每個人，都是為愛而生的。我們愛世界，愛國家，愛親人，愛朋友，愛戀人，愛自己，愛孩子……而所有愛的目的，都是為了幸福。

幸福，大概是世間女子都渴望的最終歸宿。但是對於幸福，每個人都有自己的理解和追求。有人曾說：「幸福就是貓吃魚，狗吃肉，鹹蛋超人打打小怪獸。」

其實，幸福像美一樣無所不在，從不缺少，只是缺少發現它的眼睛。

一條小魚問大魚：「我常聽人說起海的事情，可是海是什麼？」

大魚：「你的周圍就是海啊！」

小魚：「可我怎麼看不到？」

大魚：「海在你裡面，也在你外面，你生於海，終歸於海。海包圍著你，就像你自己的身體。」

「只緣身在此山中」，就像魚不知道自己被大海包圍，其實我們也經常被幸福包圍，只是我們後知後覺難以發現罷了。美國總統林肯曾說過：「對於大多數人來說，他們認定自己有多幸福，就有多幸福。」

某報紙上曾做過這樣一個統計：妳現在有生命威脅嗎？如果沒有，那麼妳就比全世界兩億八千萬絕症患者和一億三千萬受戰爭威脅的人們幸福；妳現在有不好使的器官嗎？如果沒有，那麼妳就比全世界六億殘障人士幸福；妳現在挨餓受凍或缺水嗎？如果沒有，那麼妳就比全世界八億兩千萬難民幸福；妳現在有有屋頂的房住嗎？如果有，那麼妳就比全世界七億無家可歸的人幸福；妳現在有穩定工作嗎？如果有，那麼妳就比全世界十九億失業的人幸福；妳現在每月能存一點錢嗎？如果有，那麼妳就比全世界一半以上入不敷出的人幸福；如果妳現在還能偶爾看個電影，聽個歌曲，上網聊天，愛個伴侶，吃得下飯，睡得著覺。那麼，妳就比全世界五分之三的人幸福。

幸福就是一份簡單的滿足心，加上一點點的感恩：滿足於現在擁有的一切，同時，懷著一顆虔誠的心感恩妳所擁有的這一切。就算妳認為自己一無所有，至少妳還擁有陽光、清風、時間……感恩陽光，給予我們明媚和溫暖；感恩清風，給予我們清涼和乾爽；感恩時間，讓我們還有機會去擁有一切；感恩這一切，給予我們幸福的感覺……

蓮心智慧之幸福：幸福就是人生，人生就是幸福；我們愛幸福，幸福愛我們。

問題太多是因為沒有大問題

我們身邊不乏一些人，放大自己的痛苦自得其樂地享受著，一邊還要做楚楚可憐狀地說著「我好痛啊」。為自己不知從哪裡來的假悲傷而沉迷不已。

無病呻吟是流行病。

那些覺得自己問題多多的人，多半是沒有什麼大的問題，從而有了時間去和那些不值一提的小問題執著。

一天下來，總會遇到幾個經常前來向一曇禪師訴苦的人，他們不是怨嘆自己時運不濟，就是抱怨某人怎麼對不起他們。有位弟子便好奇地問一曇禪師：「為什麼這些人會有那麼多問題呢？」

「因為他們沒什麼大問題。」一曇禪師說了一則故事——

有隻狗坐在門廊前不斷呻吟，經過的路人就問門廊上的人，這隻狗是怎麼回事，為什麼會這樣呢？

「因為牠壓在自己腳趾上了。」那人回答。

「哦，那麼牠為什麼不站起來呢？」路人再問。

「因為牠不覺得太痛。」

他接著說：「一個人會有那麼多抱怨，是因為他還有時間抱怨，一個人為小事煩惱，是因為他沒有大煩惱。試想，一個連飯都沒得吃的人，會去為了上哪家餐廳而煩惱嗎？」

「所以，」弟子心領神會地說，「會有那麼多問題的人，是因為他們還沒什麼大問題。」

當有難題出現的時候，我們常會將它過分擴大，並將所有的精力和焦點都放在這個障礙上。

想想看，妳的境遇真的有這麼糟嗎？妳只有在不是最糟時，才還有時間去抱怨訴苦，不是嗎？

就算事情已經糟糕透頂，那表示情況只會變得更好，那又有什麼好自艾自憐的呢？

大部分人都忽略，山谷的最低點正是山的起點，許多跌落山谷的人之所以走不出來，正因為他們花太多時間在自艾自憐，而忘了留點精力走出去。

蓮心智慧之瀟灑：所有對自己沒有幫助、沒有益處的事情，都可以忽略不計。

第六章　修身如意禪

成長是一尊雕像。

意識到這一點的人，會有效地利用時間的雕塑力，將自己一天天修成自己所期望的完美模樣。

雕塑自我，是每個人一生要做的最重要的事情，也是最根本的事情。

妳會被雕塑成什麼樣，完全取決於妳自己的內心。

每個人的內心都是最偉大的雕塑師。

在時光中拈花微笑

妳有想過一個女子最美的姿態是什麼樣子嗎？

是拈一朵依靠陽光、土地、清風、露水、季節而盛開的鮮花，在時光的魅影裡明亮地微笑著。

是的，這是我們的靈魂。

要把自己當公主

有一個女孩總是忘了自己所具備的優點。她總是不停地說：「我不行，我不會，我做不到。」自卑像一隻小蟲子，把她的心咬得滿是洞。一切的一切，不過都源予她的胖。其實，那不過是嬰兒肥。在走過青春的人眼裡，多可愛呀，可是於她，卻是過不去的坎。她一遍一遍照鏡子，一回一回怨恨自己吃了一塊巧克力，一次一次在事情面前退縮。甚至悄悄哭過，覺得暗無天日，青春像一朵沒開的花，在肥胖這個惡疾的壓迫下迅速枯萎了。

事實上，只要妳自己把自己當成一個公主，妳就可以真的如同公主一樣美麗。形容女人的詞彙可謂豐富多彩：漂亮、成熟、有氣質、有內涵等很多，好像形容女人的美麗沒有簡單的統一標準。可有一個詞卻可以將所有美麗的形容詞都囊括其中，這個詞就是自信。一個女人擁有自信，就會將所有的美麗與魅力集於一身。

有一個女孩，從小沒了父親，和母親住在一個小鎮相依為命。她們的生活過得很貧寒，小女孩從來就沒有穿過漂亮的新衣服，她的衣服都是鄰居送來的舊衣服。她的母親甚至沒有給她好好綁過頭髮，更別提給她買髮夾和其他首飾了。

小女孩很自卑，老是覺得自己長得難看、寒酸，走路時總是低著頭，害怕別人的眼光。她喜歡畫畫，一直希望鎮上最有聲望的畫家能教自己畫畫。看著畫家帶著那些衣著光鮮、神清氣爽的孩子外出寫生，小女孩提不起勇氣和畫家打招呼。

在女孩十二歲生日那天，媽媽破天荒給了她一百塊錢，允許她去買點她喜歡的東西。小女孩很興奮，一時不知道該買什麼好。最後，她緊緊握著錢，來到一家飾品店，看上了一個標價七十元的漂亮髮夾。店員幫她帶在頭上，對她說：「看啊，妳戴上這髮夾多漂亮。」店主說完拿著鏡子讓女孩自己看，女孩從鏡子裡看到自己後，竟然驚呆了，她從來沒有發現自己是女人的美麗，她覺得這個帶花的髮夾讓她變得像天使一樣美麗。

女孩不再遲疑，掏出錢買下了髮夾。她內心無比激動與沉醉，接過店員給她的三十元零錢後轉身就往外跑，結果由於激動撞在一位胖胖的中年人的肚子上，但她沒有停留的意思，繼續往外跑。她的後面似乎傳來紳士喊她的聲音，但女孩已經顧不得這些了。一路上，她有點飄飄然的感覺，而且她沒有順著來的牆角走，而是堂堂正正的走大路。她感到街上所有人都在看她，好像都在議論「瞧，那個女孩真是太美了，怎麼從來不知道鎮上有個這麼美麗的女孩。」

迎面走過來她一直渴望結識的畫家，奇蹟發生了，那個畫家竟然親切地和她打招呼，並問了她叫什麼名字。

女孩高興極了，她想索性把剩下的三十塊錢再給自己買點東西吧，於是她又返回原來的小店。店門口，被她撞到的先生攔住了她，說道：「小朋友，我就知道妳會回來的，妳剛剛撞掉了頭上的髮夾，我一直等著妳來取。」

原來呀，走在街上的小女孩的頭上並沒有漂亮的髮夾。可是，小女孩卻因「髮夾」而神采奕奕、魅力四射。可見，比漂亮的首飾更能裝扮我們的，是自信。而自信，正是我們每個人的心靈之花。

所以，無論妳現在有多「狼狽」請不要氣餒。抬起妳低下的頭，露出妳的笑臉。自信從來未曾離開過我們，只是被我們遺忘了。去吧，去喚醒它。把自己的優點和曾經讓妳覺得成功的事情寫出來，讓我們從點滴做起，循序漸進找回自信的那個妳。

蓮心美麗之自信：歲月刻在女人臉上，自信寫在女人心中。自信的女人總是以矯健的步伐勇往直前，把歡樂和笑聲傳遞給他人。她們是生活中的強者，也是最具人格魅力、最美麗的女人。

妳就是一座寶藏

年少時讀席慕容的詩，總是訝異詩中的隻言片語那般令人驚豔——佛於是把我化作一棵樹，長在你必經的路旁。其實仔細想來，路邊的樹本是我們眼中所常見的普通景象，但透過詩句我們可以感知，在詩人眼中，這棵樹美得那樣令人驚豔。為什麼同樣的樹，在詩人的眼裡就變得更美麗了呢？

再稍微年長一點的時候，我讀禪經，讀到這樣一個故事：

良寬禪師除弘法外，平常就是居住在山腳下一間簡陋的茅棚，生活過得非常簡單。有一天晚上，他從外面講經回來，剛好撞上一個小偷正在光顧他的茅廬，小偷看到禪師回來了，慌張得不知如何是好。

良寬和悅的對雙手空空的小偷說：「找不到可偷的東西嗎？想你這一趟是白跑了，這樣吧！我身上的這件衣服，你就拿去吧！」

小偷抓著衣服就跑，良寬禪師赤著身子，在月光下看到小偷的背影，無限感慨地說：「可惜我不能把這美麗的月亮送給他！」

「美麗的月亮」，象徵著我們的自性，每一個人，自性中都有無限的寶藏，假如能識得自家寶藏，何用偷竊他物？禪師的惋惜，不能將美麗的月亮送人，正是告訴天下眾生，人人都有發現美麗和財富的眼睛，這正是一個人最大的美麗和財富所在。

有時候，我們就像故事中狼狽的小偷一樣，被浮世的種種所束縛、所控制，成為了別人手中的一枚棋子，從而來不及去發掘自身內在潛藏的美麗和藏富。久而久之，我們便逐漸成為大街上得過且過、表情生硬、行動機械的萬千平庸人之一，人生從此也隨之走向平庸。而那個最美的自己，則從此被埋葬在內心最深處，不知何時才能被喚醒。也許我們該像禪師那樣，去發現月光的美麗，然後透過將其送人的方式將這種美麗昇華。妳會發現，透過這樣的方式，我們正慢慢擺脫了浮世的種種束縛和控制，真正解放了自己的內心，從而做到了最美的自己。

妳有多久沒有看天了？經常看看天空吧，天空就是一幅供人免費欣賞的畫卷，而世界上有無數的街道，街道上面有無數的人群和同樣的天空，那些走在大街上的忙碌人群裡，又有幾個人抬起頭來欣賞呢？如果妳此刻抬頭，緩緩轉動秀項欣賞，那麼，妳不僅享受到了天空的美，久而久之，也比別人多了一項享受美的資本。

生之於這個世界上，美麗無處不在地潛藏在世界的各個角落。這就需要我們去慢慢地一點點地發現、挖掘。與此同時，當我們發現美的時候，也同樣能將美折射到自己身上來——只有美麗的心靈，才能發現更多的美啊！一顆發現了太多美麗的心靈，就像一座儲藏室一樣將美麗像財富一樣一一儲存，存儲的多了，不就是一座寶藏了嗎？

蓮心美麗之自性：等閒識得自性禪，萬紫千紅總是春。參禪當參自性禪，果真看清了自己的真面目，便可「宴坐水月道場，修習空花佛事」。

在任何時候都優雅

因為和男友吵架，萱萱一進公司就悻悻地把包包狠狠摔在椅子上。問其：「生氣歸生氣，為什麼摔包呢？」答曰：「發洩。」這多麼不值啊，不僅發洩不了怨氣，反而壞了自己的優雅形象。

林才禪師正在打坐，來了一個人。他猛地推開門，又砰地關上，狠狠地踢掉鞋子走了進來。林才禪師說：「你等一下，先去請求門和鞋子的寬恕後再進來。」

那人說：「你說些什麼呀？我聽說你們這些禪宗都是瘋子，看來這話不假。你的話太荒唐了！我幹嘛要請求門和鞋子的寬恕？真叫人難堪……那雙鞋子是我自己的！」

林才禪師說：「你既然能對鞋子發火，為什麼不能請它們寬恕你呢？你發火的時候一點也沒有想到對鞋子發火是多麼愚蠢的事。如果你能與憤怒相關，那為什麼不能與愛相關呢？關係就是關係，憤怒也是關係。當你滿懷怒火地關上門時，妳便與門發生了關係；當你氣勢洶洶地踢掉了鞋子，便與鞋子發生了關係。門並沒有對你做什麼事，鞋子也不干你什麼事。你無端對它們發火，難道不應該道歉嗎？你先出去道歉，否則就不要進來。」

像一道閃電，那人開悟了。他明白了其中的邏輯，它是那麼清楚——如果妳能夠發火，那麼為什麼不能去愛呢？

也許這是他一生中的第一次，向那扇門、向那雙鞋子深深鞠躬道歉，他的淚水奪眶而出。因為他真正明白了，發火是多麼愚蠢，愛又是多麼重要！

在禪師的眼裡，一草一木都是有感情的。那人粗魯對待鞋子和門，無辜的門和鞋子會生氣。作為女人，就更容易感性地賦予一草一木以人的感情。一旦目之所及的一切都有了人的情感，就使得女人更感性，舉手投足間便溫潤婉轉。其實，包包就像自己的貼身侍女一樣，隨身幫我們裝著很多瑣碎必需的雜物。一旦這樣想，下次生氣的時候，面對著這麼一個忠貞不移的侍女，怎麼還能摔得下手？由此，身邊的所有物體都生機勃勃地帶著美好的情感，正是這些情感令人的心變得溫柔、善良。

真正的優雅是在任何時候都優雅：不止是可以穿著禮服穿梭於雞尾酒會，也包括了在菜市場的討價還價。當有人對妳說：妳怎麼連生氣都這麼優雅。那麼恭喜妳，妳真的已經很優雅。

蓮心智慧之優雅：坐亦禪，行亦禪，一花一世界，一葉一如來，春來花自青，秋至葉飄零，無窮般若心自在，語默動靜體自然。

每個人都是百萬富翁

「我經常感到沮喪，覺得生命非常空虛。」一位吝嗇的富翁向一燈禪師訴苦。

一燈禪師拉著他到窗戶旁，問他看到什麼？

「我看到來來往往的路人。」富翁回答。

一燈禪師又拉他到鏡子前，「你現在又看到了什麼？」

「我只看到我自己。」富翁回道。

「這是一個很簡單的道理。」一燈禪師解釋說，「窗戶是透明的玻璃，所以你可以看到別人，但當它塗上了一層水銀，那就只能看到自己。如果我們心中只有錢，當然只會看到自己！」

「但，」富翁問，「如果我不為自己著想，誰又會為我想？」

「但，」一燈禪師說，「如果你只為自己著想，你又算什麼？只知佔有的人，比任何人都要貧窮，只想到自己的人，比任何人都要寂寞。這世界上最窮的人，就是除了錢、錢、錢以外，一無所有的人。」

富有和貧窮，向來都不是以金錢來衡量的。大街上一無所有的乞丐都能笑看那些愁眉苦臉的達官貴人。對於乞丐來說，有的吃，就是富裕，一無所有反而無憂無慮。

說到財富，可以納為財富的事物太多了：陽光，風景，陌生人的微笑，所有與愛有關的一切——關鍵在於妳能不能從中攫取到妳所需要的，攫取到了，便是屬於妳私人的財富了——這一小塊陽光溫暖了妳的臉，給了妳一瞬間的好心情，妳可能因為這瞬間的好心情，做了一個重要的決定；那一小束陽光落在她的睫毛上，投下淡淡的陰影，這種美，可能會使妳產生了某種靈感……

世界上的每個人，都可以是百萬富翁。

對於女人來說，最大的財富並非外貌、學歷、嫁個好老公，而是一顆如陽光般美好的心。這顆心像陽光一樣傾灑在世界的各個角落，收集所有美麗的事物。如此，這樣的女人，集所有美好於一身——還有什麼比這更美的嗎？

蓮心智慧之悅納：能吸收的都是營養，能收集的都是財富。

不羨慕的人生

看到比我們優秀的人，有人忍不住油然而生地嫉妒或者羨慕。生活在山坡上的石頭，羨慕山下繁華大道，便自己滾下去，結果受盡踐踏與玷汙。蝴蝶傾慕火焰美麗的「光環」，一頭栽進去，卻跌在油燈的油盆裡。

知足常樂，不要這山望著那山高；人若盲目崇拜所謂的光環，也會像蝴蝶一樣跌跟頭。

一隻鳥模仿另一隻鳥的樣子，站在鱷魚鋒利的牙齒上跳躍、舞蹈。鱷魚沒有片刻的猶豫，上下牙輕微一合，這隻鳥就成了給鱷魚送上門的美餐。這隻鳥至死也不明白，為什麼另一隻鳥，可以在鱷魚嘴裡鑽進鑽出？同樣為鳥，差距怎麼就這麼大呢？

另一隻鳥，名叫埃及鴴。死去的鳥兒有所不知，埃及鴴是鱷魚的「牙籤」。鱷魚是水域中兇猛的動物，然而它與埃及鴴卻是一對好朋友。牙齒是鱷魚的冷兵器，而埃及鴴給予鱷魚的承諾正好在於「我們的目標是——沒有蛀牙」。

鱷魚一頓飽餐之後，便躺在水畔閉目養神。埃及鴴見狀，就成群飛來，啄食鱷魚口腔內的肉屑殘渣。猶如進入下水道的清潔工，在散發著異味的環境裡，幽暗地工作。埃及鴴幫鱷魚清潔了口腔，埃及鴴自己則獲得了鱷魚牙縫中的肉渣。

雙贏的交易，在隱蔽中進行。死去的鳥沒有意識到，如果不做鱷魚的「牙籤」，就應該離鱷魚鋒利的牙齒遠點；「火山」是不可以用來做「靠山」的。羨慕埃及鴴能夠在鋒利的齒間跳上跳下，羨慕的只能是表象，表象之下的生存之道，才是真正的「冰封的火焰」。

其實，沒有人是值得我們羨慕的。因為生之為人，大家同活在地球上，誰也免不了生、老、病、死，人人都會有難過的時候，失望的時候，悲傷的時候，妳羨慕的，只是妳看到的他的表面他的一個小側面。

在世界錦標賽上奪冠的哈利默父子，在奪冠前一直過著窮困拮据的生活達八年之久。父親哈利默一直持續當兒子的教練，奔跑是他們全部的生活。後來有記者採訪他們時，小哈利默說，這些年，我和父親從來沒有理會過別人的生活是怎樣優越的，我們更不會去羨慕別人。也許正因為如此，我們才能做好自己的事。

不去羨慕別人的唯一方式是讓別人羨慕自己。列夫．舍斯托夫（Lev Isaakovich Shestov）說過：「如果妳想讓人們羨慕妳，那麼妳就應表現出來為妳的悲哀和羞慚感到自豪的樣子。」不管是悲哀還是羞愧，活著就是件自豪的事。讓我們自豪吧，讓別人去羨慕吧。

蓮心智慧之不羨慕：不要羨慕別人收獲時的歡樂，應該看到別人耕耘時的艱辛；我們不必羨慕他人的才能，也不須悲嘆自己的平庸；各人都有他的個性魅力。

把現實理想化

有人說，這個世界不符合我的夢想，於是躲在自己臆想的小世界裡樂此不疲，偶爾小心翼翼探出頭來輕輕吟一聲「這個世界好些了嗎」、「這個世界會好嗎」，始終生活在這樣一種受傷的狀態中。

固然，這種不同流合汙隨波逐流的態度是美好的，但卻始終不能與這個世界互動，彷彿沒有活過。

「這世界真是一團糟！」弟子對仰德禪師說。

「不，這世界真是美好！」

「難道我們不是生存在相同的世界裡嗎？」弟子不解。

「沒錯，只不過你看到自己活在世界上，而我卻看到世界活在我心中，這個認知的差距形成了幸運與不幸的分水嶺。」仰德禪師回道。弟子又問：「但現實終究是無法改變的啊！」

仰德禪師笑答：「我們最重要的不是把理想現實化，而是將現實理想化，懂嗎？」

不要去抱怨這個世界，它在妳來到之前早就存在了。其實，抱怨這個世界的，往往只是那麼一小部分悲觀的人，伏爾泰（Voltaire）說：「所有的好事都會發生在天性開朗的人身上」，正是由於這些人內心溫暖明亮，所以能夠溫暖周圍的世界，照亮周圍的環境。

我們所有的努力，整體來說都是為了將理想變為現實，實現自己的夢。為此，我們甚至不惜一切代價改變自我、改變一切。其實與其這樣，不如試著用心去熱愛現實，將所有的現實理想化——如果妳不喜歡爾虞我詐的社會應酬交際，就去喜歡八面玲瓏左右逢源的人際關係好了；如果妳不喜歡喧囂浮躁的大街，就去喜歡熱鬧生活的街巷好了……任何一種現實，都可以昇華為理想，不是嗎？

蓮心智慧之博愛：那最美的花瓣是柔軟的，那最綠的草原是柔軟的，那最廣大的海是柔軟的，那無邊的天空是柔軟的，那在天空自在飛翔的雲，是最柔軟的！我們心的柔軟，可以比花瓣更美，比草原更綠，比海洋更廣，比天空更無邊，比雲還要自在。柔軟是最有力量，也是最恆常的。

慶幸此生我是我

十四歲的時候，我還沒去過大城市；十六歲的時候，我還沒收到情書；二十歲的時候，我還沒見過大海……有時候我們不滿意自己的人生，回頭看看這些年來的一切，情何以堪。而看著別人火樹銀花的人生，不免羨慕又妒忌。

「我的命運真差。」一位女人向大師抱怨自己的命運。

「命運都是由自己造成的。」

「怎麼會呢？生在這種家庭難道是我造成的嗎？」女人說：「如果我不是現在的父母所生，如果我是生長在另外的家庭，我的命運絕對會不同。」

行吟禪師告訴她：「如果妳生長在另外的家庭，妳將經歷不同的命運，將變成完全不同的另一個人，在那種情況下，妳將不再是『現在的妳』。然而既然不是現在的妳，妳又怎麼能以『我的命運』來說呢？因為那個人已經不是妳了，不是嗎？」

良好的出身固然對一個人的命運有所影響，但不是決定因素。關於命運，蕭伯納曾中肯地說：「人們總是埋怨環境弄人，我不相信這種事。假如妳不喜歡目前的環境，妳可以創造出想要的來啊！」所謂的「事在人為」就是這個意思。

雖然，我們這一路走來，不似別人那般順風順水，但我們的逆風逆水，卻也是別人無法碰觸的美麗啊。試想，假如真的如願投身良好的家庭了，那我也不再是現在的我，也許並不會覺得出生在這樣的家庭就是幸福了，那麼所有的所有，全都改變了，彷彿生命的背叛。不同的人生總是會有不同的美麗，我們無須去抱怨，而要從不同角度來收集所有的美麗。

還好，一路走下來，我仍然是我，希望著我的希望，奮鬥著我的奮鬥。

此生我生之為我，乃幸事一件。

蓮心智慧之平凡：人生最低的境界是平凡，其次是超凡脫俗，最高是返璞歸真的平凡。

一萬個美麗的未來

表妹最近看日本偶像劇，迷戀上了日本，總是幻想能夠去日本生活，而且日益不可自拔。日常生活中能說日語的全都說著日語，常把北京當做東京，上海當做大阪……而自己彷彿就是偶像劇裡的女主角，模仿著電視劇裡的說話口吻，一顰一笑。看她這樣的狀態，多半上課的時候也無法專心了。阿姨找她談話，她還理直氣壯地說：「我這樣哪裡不好了？我現在就過上未來期望的生活了！」阿姨笑道：「妳這不是自欺欺人嗎？妳現在還是個學生，就該過一般學生過的生活，好好讀書，等到妳將來工作了，才是真正過上現在的生活了，如果妳那時候還想過。」

想起一則小故事——

一個剛入佛門的沙彌，在第二天吃早餐的時候就迫不及待地向老禪師請教問題：我們的靈魂能不能不朽呢？我們的身體一定會化為烏有嗎？我們真的會投胎轉世嗎？我們如果能投胎轉世，能不能保留這一世的記憶呢？禪能讓我們解脫生死嗎……這個人一口氣問了老禪師十二個問題，還準備再問下去時，卻被老禪師的一句話打斷了：「你的早餐已經涼了。」

我們也許都曾好高騖遠地幻想過關於未來的一切。而忽略了現在當前的生活。就像歌裡面唱的：妳始終不明白，一萬個美麗的未來抵不上一個溫暖的現在；妳始終不明白，每一個真實的現在都曾經是妳幻想的未來。

活在當下，才能為未來的大廈添磚加瓦，累積足夠的資本去爭取自己想要的那種未來。

而一味地幻想，只能白白浪費了時間和自己。

蓮心智慧之惜今：是日已過，命亦隨減，如少水魚，斯有何樂？當勤精進，如救頭然，但念無常，慎勿放縱。

停下來等等靈魂

一位作家在書中發牢騷：「這是一個賣笑的社會。除非能夠找到高貴的職業，而高貴的職業需要高貴的學歷支持，高貴的學歷需要金錢，始終繞回來。」現代社會的高節奏、高壓力生活，使得人人疲於奔命，弱肉強食的自然法則又使人們拚命追逐利益。

很累——這話妳一定說過，也聽過，而且聽得耳朵都結繭了。

在墨西哥，有學者要到高山頂上印加人的城市去，他們僱了一群印加挑夫運送行李。在途中，這群挑夫突然坐下來不走了，學者怎麼心急煩躁地催促他們也沒有效果，並且一坐就是幾小時。

後來，他們的首領才說出挑夫不走的理由。因為他們覺得人要是走得太快了，就會把靈魂丟在了後面，他們走了一段時間，現在需要等等靈魂。

首領說：「每當我們急行了三天，就一定要停下來，等等靈魂。」

人走得太快，要是不停下來等一等的話，就會丟失靈魂！這話真是讓人聽了如醍醐灌頂。我們為了更好的生活，為了更大限度地實現自身價值，努力地奔跑，甚至玩命地拚搏。人生很短暫啊，要抓緊時間莫虛度啊……結果，一個個成為了與時間賽跑、與命運決鬥的機器。

什麼才是盡頭呢？家財萬貫？名聲遠播？……如果不知道停歇的話，永遠沒有盡頭。《菜根譚》裡有這樣一句話：「憂勤是美德，太苦則無以適性怡情。」這句話其實和墨西哥土著所謂的「靈魂丟失」說有異曲同工之妙。這句話的大意是說，盡心盡力去做事是很好的美德，但是過於辛苦地投入，就會失去愉快的心情和爽朗的精神。靈魂也好，愉快的心情和爽朗的精神也罷，都是人的幸福之本。沒有靈魂，人不過是行屍走肉而已；沒有愉快的心情和爽朗的精神，還有什麼人生的樂趣呢？

好了，讓我們讀一首英國作家威廉·亨利·戴維斯（William Henry Davis）的小詩，以此來體會什麼是享受悠閒的歡樂，如何享受悠閒的快樂！

這不叫什麼生活，
總是忙忙碌碌，
沒有停一停，看一看的時間。
沒有時間站在樹蔭下，

像小羊那樣盡情瞻望。
沒有時間看到，
在走過樹林時，
松鼠把松果往草叢裡收藏。
沒有時間看到，
在大好陽光下，
流水像夜空般群星點點閃閃。
沒有時間注意到少女的流盼，
觀賞她雙足起舞蹁躚。
沒有時間等待她眉間的柔情，
展開成唇邊的微笑。

蓮心智慧之怡情：憂勤是美德，太苦則無以適性怡情。

做一個耕耘幸福的人

生命就像是宇宙間的一陣風，我們如風而來也將隨風而去。為什麼而活這個問題是每個人一生都在思考的問題。大多數女人都會將擁有一個幸福家庭作為唯一生活著的全部意義所在。在佛家看來，佛家的意義在於，耕耘別人的心田，播下善良的種子，收獲幸福。

幸福的家庭也是如此，耕耘丈夫、孩子、親人的心田，播種愛的種子，收獲幸福。但這只是幸福的一部分，想要更幸福，就要把種子播種在更多人的心田。

秋天，稻穀成熟，田野一片金黃，農人聚集，慶祝豐收，大地洋溢著一片歡樂。

佛陀來到農莊，許多人都恭敬地供養他。只有一個生性固執的農人，十分生氣，他大怒道：「我們平時勤力耕種，才有今天的收獲，祢為什麼不學我們呢？」

「長者啊！我也是耕耘的。」佛陀和氣地回答。

「祢是農夫嗎？祢的牛、種子和田地在哪裡呀？」

「眾生的心地就是我的田地，八正道是我的種子，精進是我的犛牛。」佛陀向他解釋說，「我在眾生的心地撒下八正道的種子。我勤力耕耘他們的心地，使他們拔除煩惱，得到安樂。」

農人聽了，明白過來，立刻懺悔，把上好的米飯供養佛陀。他說道：「佛陀，請接受我的供養吧！祢已經耕耘我的心田，播下善良的種子，我將有幸福的收獲。」

就像我們從佛播種的禪語裡面收獲到幸福一樣，我們也要在別人心中播種幸福的種子。那麼相對來說，在別人心中，妳就是佛。

洗盡鉛華 淳樸是真

如果說到一個人最能吸引別人的地方，那無疑就是魅力。有人說：「魅力有一種能使人開顏、消怒，並且悅人和迷人的神祕特質。它不像水龍頭那樣隨開隨關，突然迸發。它像根絲巧妙地編織在個性裡，它閃閃發光，光明燦爛，經久不滅。」

為了成為有魅力的女人，我們去買漂亮的衣服，化完美無缺的妝，練瑜伽塑身修氣質，甚至去整形。這樣，我們看起來很有魅力，但只是「看起來」。真正的魅力是由內而外的：買漂亮的衣服不如把一件普通的衣服穿得漂亮；化完美無缺的妝不如笑容完美無缺。然而，真正由內而外的魅力從何而來呢？

有一位女施主，家境非常富裕，不論其財富、地位、能力、權力，及漂亮的外表，都沒有人能夠比得上，但她卻鬱鬱寡歡，連個談心的人也沒有，於是她就去請教無德禪師，如何才能具有魅力，以贏得別人的歡喜。

無德禪師告訴她道：「妳能隨時隨地和各種人合作，並具有和佛一樣的慈悲胸懷，講些禪話，聽些禪音，做些禪事，用些禪心，那妳就能成為有魅力的人。」

女施主聽後，問道：「禪話怎麼講呢？」

無德禪師道：「禪話，就是說歡喜的話，說真實的話，說謙虛的話，說利人的話。」

女施主又問道：「禪音怎麼聽呢？」

無德禪師道：「禪音就是化一切音聲為微妙的聲音，把辱罵的聲音轉為慈悲的聲音，把毀謗的聲音轉為幫助的聲音，哭聲鬧聲，粗聲醜聲，妳都能不介意，那就是禪音了。」

女施主再問道：「禪事怎麼做呢？」

無德禪師：「禪事就是布施的事，慈善的事，服務的事，合乎佛法的事。」

女施主更進一步問道：「禪心是怎麼用呢？」

無德禪師道：「禪心就是妳我一如的心，聖凡一致的心，包容一切的心，普利一切的心。」

佛家可以用禪將女人滋養得如蓮花璞玉般，散發著淡淡的攝人心魄的魅力。無德禪師認為，蓮花璞玉般的女人會講禪話、聽禪音、做禪事、用禪心。

會講話的女人最受歡迎，懂得傾聽的女人最有氣質，會做事的女人最有吸引力，用心的女人最值得被愛。這便是由內而外魅力的來源。講歡喜的話，聽慈悲的聲音，做服務的事，用普利的心——魅力禪女就是這樣練成的。

蓮心智慧之魅力：前緣本潔位至尊，蓮花淨土佛祖心。般若蓮香遠及空，奇葩瓊影瀉暗香。

清潔，而不是潔癖

潔癖情結，在不少女人身上會有，內在的或是外在的：心理潔癖、人際交往潔癖、感情潔癖……如果這種情結不給自己或是別人帶來什麼煩惱，其實是很美好的情結。但是，在生活中往往因為各式各樣的原因，使得潔癖變成了普遍認知的貶義詞，人人唾棄。

明初大畫家倪雲林，此君堪稱潔癖之登峰造極者，他愛潔成癖。因他太愛乾淨，所以少近女色。但有一次，他忽然看中了一姓趙的歌姬，於是帶回別墅留宿。但又怕她不清潔，先叫她好好洗個澡，洗畢上床，用手從頭摸到腳，邊摸邊聞，始終覺得哪裡不乾淨，要她再洗，洗了再摸再聞，還不放心，又洗。洗來洗去，天已亮了，只好作罷。

潔與不潔，在不同的文化裡解釋完全不同。古代女子因為男人拉過她的袖子就把手臂砍了。中國的隱士都有潔癖，自我美化。而西方（包括印度）的苦修者卻滿身汙穢，用肉體骯髒來報復精神的不潔，用自瀆的方式來淨化。奈保爾（V. S. Naipaul）的《幽暗國度》（*An Area of Darkness*）裡寫印度人當街大便，因為在印度教裡糞便與黃金同義。農民通常沒有潔癖，他們的身體與自然融為一體，在他們眼裡糞便意味著糧食。兒童沒有髒潔的區別，他們對糞便有特殊興趣。在一個充滿自然細菌和精神病菌的世界上，過度潔癖反而會導致免疫系統功能的減退甚至喪失，影響健康。

清晨起床，小和尚先去洗了手。照照鏡子，又洗了臉。然後又洗了洗鏡子，完了又洗了洗手。然後照照鏡子，又洗了洗臉。如此重複了一遍又一遍。老和尚見了，無奈地搖搖頭，問他「你這是在幹什麼啊？洗來洗去，已經浪費半天時間了。」

「我有潔癖！」小和尚說，「塵世是骯髒的，到處充滿了灰塵。我希望我能如琉璃般通體純澈無瑕，所以不停地洗，以防止灰塵落在我身上。我幾乎從不出門：地上有灰塵，草上有灰塵，人們身上也有灰塵……」

「這叫潔癖嗎？」師父笑笑：「你嫌天髒、嫌地髒、嫌人髒，說到底，其實只因為你自己的內心太髒。」

如果妳的內心裡始終有一顆塵埃，那麼妳看一切事物，都會帶著這顆塵埃。我們真正應該清潔的，不是帶著塵埃的萬物，而是自己內心的潔癖情結。

蓮心智慧之清潔：心靜處便隨處可安，意淨時則萬物皆淨；無立足境，方是乾淨。

不要把心填太滿

有一個學僧到法堂請示禪師道：「禪師！我常常打坐，時時唸經、早起早睡、心無雜念，自忖在您座下沒有一個人比我更用功了，為什麼就是無法開悟？」

禪師拿了一個葫蘆、一把粗鹽，交給學僧說道：「你去將葫蘆裝滿水，再把鹽倒進去，使它立刻溶化，你就會開悟了！」

學僧依樣葫蘆，遵示照辦，過不多久，跑回來說道：「葫蘆口太小，我把鹽塊裝進去，它不化；伸進筷子，又攪不動，我還是無法開悟。」

禪師拿起葫蘆倒掉了一些水，只搖幾下，鹽塊就溶化了，禪師慈祥的說道：「一天到晚用功，不留一些平常心，就如同裝滿水的葫蘆，搖不動，攪不得，如何化鹽，又如何開悟？」

學僧：「難道不用功可以開悟嗎？」

禪師：「修行如彈琴，弦太緊會斷，弦太鬆彈不出聲音，中道平常心才是悟道之本。」

學僧終於領悟。

人心也是這樣，就像故事中的葫蘆，如果太滿，就很難再將生活裡的其他元素加進去，很難再融人新的活力。魯迅先生說：「一個人的精力是有限的，這方面想的多了，那方面便想的少了。」

不管此刻妳的心裡裝了幸福還是不幸，都不要裝得太滿。八十分的幸福已足夠，樂極了，就會生悲了；不幸裝得太多，心靈會不堪重荷。給心留下一點空白，才能有空間來感受一切滋味。

不要把心填太滿，如同不要把心掏得太空一樣。

蓮心智慧之養心：心是我們最真的自我，養好心，等於養好了一個最美的自我。

掃去心上的落葉

人是情緒的動物。一種情緒在內心徘徊久了，輾轉反側，難以放下，心就漸漸被這種情緒所束縛，然後就開始感覺到深深地厭倦。繼而目之所及的一切都是灰濛濛的厭倦。

心態就是這樣失衡的。

唯一的解藥，就是及時發洩。

鼎州禪師與沙彌在庭院裡經行，突然颳起一陣風，從樹上落下了好多樹葉，禪師就彎著腰，將樹葉一片片的撿起來，放在口袋裡，在旁的沙彌就說道：「禪師！不要撿了，反正明天天一亮，我們都會打掃的。」

鼎州禪師不以為然地說道：「話不能這樣說，打掃，難道就一定會乾淨嗎？我多撿一片，就會使地上多一分乾淨啊！」

沙彌又再說道：「禪師，落葉那麼多，您前面撿，它後面又落下來，您怎麼撿得完呢？」

鼎州禪師邊撿邊說道：「落葉不光是在地面上，落葉在我們心地上，我撿我心地上的落葉，終有撿完的時候。」

沙彌聽後，終於懂得禪者的生活是什麼。

當佛陀住世的時候，有一位弟子叫「周利槃陀伽」，非常愚笨，教他一首偈頌，會念前句忘後句，念後句忘前句，不得已，佛陀問他會什麼，他說會掃地，佛陀就叫他掃地的時候念「拂塵掃垢」，他念久後，心想，外面的塵垢時，要用掃把去掃，心內汙穢時要怎樣清掃呢？

這樣，周利槃陀伽就聰明開智慧了。

鼎州禪師的撿落葉，不如說是撿心裡的妄想煩惱，大地山河有多少落葉不去管它，心裡的落葉撿一片少一片，禪者，只要當下安心，就立刻擁有了大千世界的一切。儒家主張凡事求諸己，禪者要求隨其心淨則國土淨，故人人應隨時隨地除去自己心上的落葉。

中醫學認為，人的情緒需要及時發洩，及時平復，如果囤積久了，會造成內傷，傷內臟。林黛玉的肺病，多是由於長期抑鬱積於胸中無以排解所致。眼淚也具有排毒的功效，這也就是為什麼一般女人比男人要長壽的原因——男人們不善於用眼淚來發洩情緒。

寂寞的時候就唱首歌吧，歌聲會讓心境漸漸明朗寬闊起來；委屈的時候就找朋友傾訴吧，有人知道的委屈便不算委屈了；沮喪的時候就奔跑吧，腳下的路也可以是隱形的翅膀；開心的時候就傳染給別人吧，妳會開心的更充實……

我們的心就如明鏡臺。而這個世界是塵埃的世界，隨時都會有塵埃落下來，我們當時時拂塵埃，來保持內心的清潔。

蓮心智慧之清潔：身是菩提樹，心如明鏡臺，時時勤拂拭，勿使惹塵埃。

修補心靈的漏洞

他到底愛不愛我？他到底愛我那一點？他會愛我多久？這三個問題，大概是戀愛的時候最容易問戀人的問題了。更多的時候，我們得不到滿意的答案。或者只是一時滿足，過後想想，仍然覺得不夠。就像歌裡唱的那樣：「穿梭一段又另一段感情中，愛為何總填不滿也掏不空，很快就風起雲湧，人類的人是個無底洞。」

其實，之所以得不到滿意的答案，原因往往在於我們自身的心，無法被填滿。

許多年前，有個求道的年輕人，為了獲悉人生的道理，不辭辛勞，長年累月，跋山涉水到各地探訪有道之士，尋求答案。時間一天天過去了，他也求教了很多人，但覺得自己一點收獲都沒有，他很失望。他左思右想，也思索不出到底是什麼原因。

後來，他聽一位私塾先生說，在距他的家鄉不遠的南山裡，有位得道的高僧，能解答關於人生的各種疑難問題。於是，他連夜趕路，沿途探詢這位高僧的住處。

一日，他來到南山腳下，見一樵夫擔了一擔柴從山上下來，便上前詢問：「樵夫大哥，你可知道這南山上有位得道的高僧居住在何處？何等相貌？」

樵夫略微沉思片刻道：「山上確有位得道的高僧，但不知道到底住在何處。因為他常常四處遊歷，隨緣度化世人。至於他的相貌，有人說他佛光普照，面貌清奇；也有人說他蓬頭垢面，不修邊幅。沒有人能說得清楚。」

謝過樵夫，年輕人抱定了決心，不顧一切地向深山裡前進。後來，他又遇見了農夫、獵戶、牧童、採藥人等，就是一直沒有找到他心目中的那位可以指點人生迷津的高僧。

絕望之下，他回頭下山，在路上遇見一位拿著破碗的乞丐，向他討水喝。年輕人便從身上取下水袋，倒了一些水在碗裡。還未等乞丐去喝，水就流光了。無奈，年輕人又倒了些水在碗裡，並催促乞丐趕緊喝。可碗剛端到乞丐的嘴邊，水又流光了。

「你拿個破碗怎能盛水？怎能用它來解渴？」年輕人不耐煩道。

「可憐的人，你到處請教人生的道理，表面上謙虛。但你在內心中判斷別人的話是否合妳的心意，你不能接納不合你意的說法，這些成見在你的心中造成了很大的漏洞，使你永遠無法得到答案。」

年輕人一聽恍然大悟，連忙作揖道：「大師可就是我要尋找的高僧？」連問數聲無人應答，抬頭再尋那乞丐，已無蹤影。

如果心裡一直有一個漏洞在，怎樣都是不會滿的。正如我們的問題，怎樣都不會得到滿意答案的。

我們要學會用自愛來把這個漏洞填滿。就像歌裡唱的那樣：「自己都不愛，怎麼相愛，怎麼可給愛人好處。」如果妳需要的愛有十分，那麼至少有四分是來自自己的愛。要懂得為戀人保留、儲存一定的愛的能力，才能細水長流。

自愛是修補心靈漏洞的最好方式：懂得自己要什麼，懂得自己給予自己，才能懂得戀人給了我們什麼，才能，懂得珍惜。這樣的一顆心，才是滿滿的快要溢出愛的一顆心。

蓮心智慧之自愛：自愛是一切愛的泉源。

心中有景處處見花開

小朵去一個喜歡畫畫的朋友家玩，總在沙發一角、牆壁、花瓶、床頭，甚至拖鞋、毛巾等地方見到隨手畫下的簡筆畫。有時是一隻小眼睛、一條蕾絲邊、一片葉子、一條眉毛……她說，喜歡畫畫，心裡總是出現這些小眼睛、小蕾絲邊，於是不自覺地畫下來了。

在她的眼中，世界上處處都有這樣的「小眼睛、小蕾絲邊」是她私藏的獨家風景。

妳在冬天光禿禿的枝頭看見過花朵嗎？曾有一位英國詩人，在冬天裡看到了春天，寫下了「冬天來了，春天還會遠嗎」的不朽名句。只因為，詩人的心中有一個春天。

如果妳的心中有一朵花，就會隨處看見風情萬種的花朵。哪怕是冬天光禿禿的枝頭上。

南山下有一座廟，廟前有一株古榕樹。

一日清晨，一個小和尚起來掃庭院，見古榕樹下落葉滿地，不禁憂從中來，望樹興嘆。憂至極處，便丟下掃把奔至師父堂前，叩門求見。師父聞聲開門，見徒弟愁容滿面，以為發生了什麼事，急忙詢問：「徒兒，大清早為何事如此憂愁？」

小徒弟滿腹疑惑地訴說：「師父，你日夜勸導我們要勤於修身悟道。可是即使我學得再好，人難免有死亡的一天。到時候所謂的我，所謂的道，不正如這秋的落葉、冬的枯枝一樣，被一堆黃土所埋沒嗎？」

老和尚聽後，指著古榕樹對小和尚說：「徒兒，不必為此憂慮。其實秋天的落葉和冬天的枯枝，在秋風颳得最急的時候，在冬雪落得最密的時候，它們都悄悄地爬回了樹上，開成了春天的花，長成了夏天的葉。」

「那我怎麼沒看見呢？」

「那是因為你心中無景，所以看不見花開。」

面對落葉凋零而去憧憬含苞待放，這需要有一顆不朽樂觀的春心。「落紅不是無情物，化作春泥更護花」，每一種事物的消亡，都有它消亡的價值和對應的新生。關鍵是我們要保持一雙審時度勢的眼睛，站在發展的角度看事物：有落葉是因為要長新葉，冬天來到是為了呼喚春天……

只要心中有景，何處不是花香滿徑。

蓮心智慧之爛漫：心花怒放，會開到荼靡。

妳可以什麼都不怕

妳是不是經常會有這樣感覺，無端地擔憂、害怕，說不清為什麼。其實不管是悲觀的人還是樂觀的人，對於沒有發生的事情，總是會或多或少有一些擔憂，甚至害怕。這是人的一種本性。然而我們總是要勇敢地在這個世界上開拓自己想要的未來的，那麼，克服害怕其實並不難。

夜幕低沉，大師跟往常一樣，獨自一人在山林中靜坐。

有一天，一位弟子忍不住問他：「你不怕遇到鬼嗎？如果碰到厲鬼的話，你怎麼辦？」

「跟他拚命啊！」

「如果拼輸了怎麼辦？」

大師笑了笑，幽默地說：「沒什麼大不了，頂多跟他一樣罷了！」

豁達的心往往能夠無畏。

如果妳有憂慮或恐懼的毛病，請試著做這兩件事——

第一，問自己：「這件事發生的機率有多少、可能發生的最壞情況會怎樣？」通常妳會發現，事情並不如妳想像那麼糟糕，把後果考慮清楚，往往就能夠降低問題所帶來的焦慮。

第二，既然妳已作了最壞的打算，就等於決心「接受這種結局」，那麼，剩下來的便沒有什麼好擔心的了。

妳可以什麼都不用怕。蓮心智慧之勇敢：別忘記，妳是因為什麼都想要才一無所有的。

蓮心智慧之勇敢：別忘記，妳是因為什麼都想要才一無所有的。

糾結都源於一根繩子

我們常常會糾結於內心夢想與社會現實，糾結於選擇愛我的人或是我愛的人，糾結於是繼續漂泊還是回到家鄉，糾結於……心有千千結，處在糾結中的我們，就像無形中有一條繩子，牢牢捆綁住我們做選擇的思維。

所有的糾結都源於一根繩子。

一名年輕人從家裡到一座禪院去，在路上他看到了一件有趣的事，他想以此考考禪院裡的老禪者。來到禪院，他與老禪者一邊品茗，一邊閒聊，突然間他問了一句：「什麼是團團轉？」

「皆因繩未斷。」老禪者隨口答道。

年輕人聽到老禪者這樣回答，頓時目瞪口呆。

老禪者見狀，問道：「什麼使你如此驚訝？」

「不，老師父，我驚訝的是，你怎麼知道的呢？」，年輕人說，「我今天在來的路上，看到一頭牛被繩子穿了鼻子，拴在樹上，這頭牛想離開這棵樹，到草地上去吃草，誰知它轉過來轉過去都不得脫身。我以為師父既然沒看見，肯定答不出來，哪知師父出口就答對了。」

老禪者微笑著說：「你問的是事，我答的是理，你問的是牛被繩縛而不得解脫，我答的是心被俗務糾纏而不得超脫，一理通百事啊。」老禪者說：「因為一根繩子，風箏失去了天空；因為一根繩子，水牛失去了草原；因為一根繩子，大象失去了自由；因為一根繩子，駿馬失去了馳騁，大象在木樁旁團團轉，水牛在樹底下轉圈圈；我們在一件事裡團團轉，我們在一種情緒裡轉圈圈，為什麼都掙不脫？為什麼都拔不出？皆因繩未斷啊。眾生就像那頭牛一樣，被許多煩惱痛苦的繩子纏縛著，生生死死不得解脫。」

解鈴還須繫鈴人。其實，所有的繩子都是我們自己親手綁上去的。能解開的，也唯有自己。其實，所有的結，都是心結。我們越糾結，繩子就越緊，越難解開。不如在內心將其放下，不去想。時間一到，水到渠成，船到橋頭自然直，結自然就解。

蓮心智慧之灑脫：名是繩、利是繩、欲是繩，塵世的誘惑與牽掛都是繩。人生三千煩惱絲，妳斬斷了多少根？

心態改變妳的二十五歲

二十五歲幾乎是女人的一個警戒線，過了二十五歲的女人，人人自危。就連普通餐廳應徵服務生都似乎在欺負二十五歲的女人一樣，要求的年齡範圍是十八至二十五歲，這怎能不令人心生委屈和恐懼。常聽到有人說：「我都二十五歲了，怎麼辦？」，其實，妳又何苦這麼為難自己，何不豪情萬丈地說：「我才二十五歲。」

某員工發現自己桌上有半杯水，他很苦惱，並不斷問自己：「為什麼只有半杯呢？」，他終日寡歡，日漸消瘦，直到鬱鬱而終。另一位員工發現自己桌上有半杯水，但他很高興，並不斷提醒自己：「我還有半杯水，有總比沒有好，簡直太好了！」，他終日快樂，越來越快樂，並因此而健康長壽。

換一種思維來思考人生，妳會發現另一個自己、另一種人生。

有兩個信佛的年輕人在祈禱時，菸癮來了，其中一個問在場的住持，祈禱時可不可以抽菸，住持回答：「這是對佛不恭，當然不行。」

另一個年輕人也想抽菸，他問住持在抽菸的時候可不可以祈禱？住持回答：「阿彌陀佛！難得你抽菸時還想到敬佛，當然可以。」

同樣是抽菸加祈禱，但是因為兩個人著重的方面不同，得到的答案和評價也不同。

同樣是二十五歲，如果妳認為「我才二十五歲」，擺出一副年輕的架勢，好像時間都會讓妳三分，妳因此而更年輕，做出更多精彩的事情。相反，如果妳認為「我都二十五歲了」，那麼妳的壓力和恐懼會令妳有種前進的動力，會因此想著快速地做一些事情用來減緩二十五歲的逝去。

這兩種想法都不是絕對的，而是在某些特定的時間交替出現在我們心底的。當妳覺得「我都二十五歲了」，因此而產生恐懼和壓力的時候，不妨想想：「其實我才二十五歲」；當妳覺得「我才二十五歲」因此而散漫迷茫的時候，不妨想想：「我都二十五歲了」。

其實，歲數只是計時方法，於我們的人生來說，意義不大。我們的人生，應該以我們的目標和完成的目標來計時：做完這件事，我就成人了，而不是「十八歲，我就成人了」……如此，我們沒有必要為了二十五歲而恐慌，沒有必要為了時間的流逝而感傷。如果時間一直不流逝，乘坐在時間帆船上的我們豈不是要一直止步不前了嗎？

蓮心智慧之心態：心態若改變，態度跟著改變；態度改變，習慣跟著改變；習慣改變，個性跟著改變；個性改變，人生就跟著改變。

三十歲是更好的二十歲

老似乎是女人的天敵吧。就連《紅樓夢》中最出塵脫俗的妙玉也會在櫳翠庵裡感慨：「可嘆這青燈古殿人將老，辜負了紅粉朱樓春色闌。」，不僅僅是世間的女子，只要是有生命的，就會有不可避免的衰老。

面對衰老，每個人也都有應對年華老去的方式：攝影家用鏡頭留住年輕，從而減緩對年老的恐慌，音樂家用音符來記錄青春，唱出不老的旋律；作家把年輕的心埋藏在作品裡，留下不老的自我……而我們去拍照、去聽音樂、去看書，把年輕的自己留在照片裡、聽過的音樂裡、看過的書裡，從而有了強大的年輕證據來應對不可抗拒的老。其實，最完美的方式，則是令自己不曾感覺到老。

佛光禪師門下弟子大智，出外參學二十年後歸來，正在法堂裡向佛光禪師述說此次在外參學的種種見聞，佛光禪師總以慰勉的笑容傾聽著，最後大智問道：「老師！這二十年來，您老一個人還好？」佛光禪師道：「很好！很好！講學、說法、著作、寫經，每天在法海裡泛遊，世上沒有比這種更欣悅的生活，每天，我忙得好快樂。」

大智關心似的說道：「老師！應該多一些時間休息！」

夜深了，佛光禪師對大智說道：「你休息吧！有話我們以後慢慢談。」

清晨在睡夢中，大智隱隱中就聽到佛光禪師禪房傳出陣陣誦經的木魚聲，白天佛光禪師總不厭其煩地對一批批來禮佛的信眾開示，講說佛法，一回禪堂不是批閱學僧心得報告，便是擬定信徒的教材，每天總有忙不完的事。

好不容易看到佛光禪師剛與信徒談話告一段落，大智爭取這一空檔，搶著問佛光禪師道：「老師！分別這二十年來，您每天的生活仍然這麼忙著，怎麼都不覺得您老了呢？」

佛光禪師道：「我沒有時間覺得老呀！」

老只是由時間流逝而衍生的慣性心理概念。如果跳出了這個慣性的概念，也就無所謂老了。佛光禪師心中沒有老的概念，便感覺不到老；更因為太忙碌，而沒有時間感覺到老。正如孔子說：「其為人也，發憤忘食，樂以忘憂，不知老之將至云爾。」

曾有人問一位白髮蒼蒼的老翁：「您高壽多少？」他意味深長地答：「四歲。」看到大家的不解，他又補充說道：「過去七十年，都為自己，自私自利的生活，毫無意義，這四年來才懂得為社會大眾服務，覺得非常有意義，所以才說活了四歲。」眾生都普遍認為，歲數是由年數來決定的。其實，在我們種了一朵蓮花的內心深處，站在建設美好人生的角度上，歲數，則是由妳所成就的事業來決定的。

那麼，三十歲除了比二十歲多做了十年的事情之外，又有什麼差異呢？三十歲，只不過是更好的二十歲罷了。

蓮心智慧之青春：流年似水，青春如花；流水逝去，花開我心。

催人老的不是時間，是等待

如花美眷，也抵不過似水流年。女人最怕的，莫過於「天敵」時間了。古詩裡都說：流光容易把人拋。

然而，時間只是讓人自然地老，並沒有催人匆匆老去。催人老的，是用等待來打發時間，大把大把的時間，被等待揮霍掉。就這樣，人匆匆老去。

有這麼一個笑話：有位年紀不小的女人正在填寫一份求職申請表，填到「年齡」一欄時，猶豫良久，遲遲無法下筆。

最後，人事經理只好向這位女士低聲說：「太太，妳等得越久，情況只會越糟。」

如果妳想要去愛一個人，不要等待；如果妳想要做一件事，不要等待；如果妳想去一個地方，不要等待。有一些事情如果當時不做，也許以後永遠沒有機會再做。

一個迷茫的女孩去拜訪一燈大師。說明原委之後，一燈禪師問她：「妳認為若要獲得那個機會，妳得先回到學校去修完學位嗎？」

「是呀！」年輕的女孩說，「但等我得到學位後，我都三十歲了，我沒辦法這樣耗下去。」

「難道妳不去修學位，就不會三十歲嗎？」

每項新的技能和學習都需要一定的時間才能學會，等待並不能使學習的時間縮短，等待也不能使妳的能力增加，等待更不可能讓妳變年輕，不是嗎？

該來的時間總是會來的，何需等待？而我們延緩時間到來的方式，就是努力快速地將事情趕在時間到來之前做完。這樣，我們一看，還好，我還有這麼多的時間，證明我還很年輕嘛。

偉大的法國大元帥馬歇爾利奧泰有一次叫園丁種一棵樹，園丁不贊成，說這種樹生長太慢，一百年也長不大。元帥回答：「如果是這樣，那就再也不能耽擱了，今天下午就種下。」

妳還在考慮要不要種「大樹」嗎？那麼也不能再耽擱了，今天，哦不，就現在立刻種下吧。

蓮心智慧之勤勉：怠惰是貧窮的製造廠；人不能奢望同時是偉大的而又是舒適的。重要的是要勤勉，因為只有勤勉，才不僅會給人提供生活的手段，而且能給人提供生活上的唯一價值。

改變，是我們活著的證明

某天，檀年禪師前去拜訪一位失意的朋友，一坐定後，朋友就開始大吐苦水，說他多麼厭煩目前的種種，他不滿意地說著孩子、老婆、工作如何地影響到他的生活，阻礙了他的成功，以至於讓他變得如此墮落無助。

檀年禪師不得不打斷他的話：「如果你真對現狀有那麼多不滿，為什麼不去改變？」

「去改變什麼？」

「改變你自己啊！」檀年禪師說，「這世界有兩種不滿意，一種是對自己所做的不滿意；另一種則是對別人不滿意，而自己卻什麼也不去做。前者最後會得到滿意的結果，後者則永遠也不會滿意。」

朋友聽完這才不好意思地答道：「我會做的，但是……」他的回答就跟問題一樣了無新意，又繞回那些無助的藉口。

「別再但是了，」檀年禪師說，「做得不好總比不做要好，如果你什麼都不做，又怎能期待改變什麼？」

生活中不乏這樣的人，對生活，只是懶洋洋隔岸觀火，不停地抱怨命運不濟、社會不公、人性醜惡，卻並不置身其中去努力做些什麼，這種軟弱的無辜成了生活的主旋律，於是這些人永遠不知道改變，永遠在抱怨。

當一個人什麼都不去改變、只是一味靜靜等著時間經過自己的時候，其實已經等於慢性的死亡。而在人的潛意識裡，總是有求生的本能的，也就是說，其實在人的潛意識裡面，多少都會有改變現狀的心願存在。

何不動手試著去做、去改變呢？與其隔岸觀火，不如置身其中。著名作家契科夫（Anton Pavlovich Chekhov）曾說：「人不可能做著不動，固然我們沒有拯救世界，但盡力做，就是對的。」

如果妳現在開始改變自己，妳會發現妳正在改變世界。

蓮心智慧之改變：改變自己，是自救，是影響別人，是救人。

心是一個忽略痛苦的世界

獨自漂在異鄉，怎麼會沒有痛苦？

妳的痛苦是不是也通常會在一個人獨處的時候，尤其是寂靜的晚上一個人獨處的時候，顯得格外深刻而清晰。入夜，隨著太陽西斜，沉下去，痛苦的感覺也隱隱浮上來。因為這個時候的心房是狹窄的，沒有了白天喧囂的打擾，沒有了別人來輕叩心門，只住下了自己一個人胡思亂想的痛苦。痛苦就是這樣乘虛而入占滿心房。

一位禪學大師有一個老是愛抱怨的弟子。有一天，大師派這個弟子去市集買了一袋鹽。弟子回來後，大師吩咐他抓一把鹽放入一杯水中，然後喝一口。

「味道如何？」大師問道。

「鹹得發苦。」弟子皺著眉頭答道。

隨後，大師又帶著弟子來到湖邊，吩咐他把剩下的鹽撒進湖裡，然後說道：「再嘗嘗湖水。」

弟子彎腰捧起湖水嘗了嘗。

大師問道：「什麼味道？」

「純淨甜美。」弟子答道。

「嘗到鹹味了嗎？」大師又問。

「沒有。」弟子答道。

大師點了點頭，微笑著對弟子說道：「生命中的痛苦是鹽，它的鹹淡取決於盛它的容器。」

在我們感覺痛苦的時候，心多半只有杯子這麼大，心裡面除了正在為之痛苦的事情外，再也容不下其他的事情，我們就是這樣自己把自己逼到痛苦的絕境，有時甚至痛不欲生。其實，我們沒有辦法改變已經發生的使我們痛苦的事情，但卻可以改變承受這件事情的心。把心門打開，讓別的事情湧進來，讓一部分美好的人走進來，把陽光、空氣、花香、河流搬進來，漸漸地，心就變成了一個寬闊的世界，大海般遼遠。而痛苦和為之痛苦的那件事情，就像一粒塵埃般微不足道了。

然後妳也會發現，那些住進心房的一些事、一些人、陽光、空氣、花香、河流，經過心的滋養，變得生動而美妙。從此，內心裡住下的，不僅僅是一件事情，而是一個世界。一個美麗無瑕的世界。也正是因為有了這些，心從此變得豐盈而多彩，生命充滿了陽光般的意義。

蓮心智慧之悅納：春有百花秋有月，夏有涼風冬有雪。若無閒事心頭掛，便是人間好時節。

所擁有的都會逝去，不如贈人

在七月的西湖邊買了一個漂亮的玻璃杯。後來每每拿起那個玻璃杯，都覺得好似又看到西湖七月的水波瀲灩的光景。喜歡這只玻璃杯到喜歡得不知道怎麼辦才好的地步，終日憂心忡忡，怕它會碎去。這種擔心和喜歡，已經到了無法擔當的地步。

於是決定送給好友。「我決定把關於西湖的美好記憶保存在妳這裡啦。」我微笑對好友說。自此，才覺得輕鬆起來。記得小說《喜寶》裡的喜寶曾說：「我不介意出賣自己的青春，青春不賣也會過的。」

其實，我們所擁有的一切，何嘗不是這樣？都會失去的，都會過的。

何不，我們將其送人。

從前摩羅國有一位富翁，得了重病知道自己將不久人世，就把兩個兒子喚到床前說：「我死了以後，你們兄弟二人要好好的平分財產……」話未說完，富翁就往生了。

兄弟二人望著萬貫家財，心生貪念，便開始你爭我奪，無論怎麼分配，二人始終都有意見。這時有一位愚笨的老人就說：「我教你們如何把東西平均分成兩份，只要把你們所有的財物通通從中間切成兩份就成了！」聽完後，二人異口同聲高興地說：「真是好方法！」

於是追不及待地取出衣服、碗盤、花瓶、錢幣等家產，小心謹慎地一一把它從中間分成兩半。

轉眼間，萬貫家財，卻成了一堆堆一文不值的破銅爛鐵。

有一些事物，完整才會有價值。

我們自以為所擁有的「萬貫家財」，在時間的腳下也只是一堆「破銅爛鐵」而已。沒有什麼能夠阻止時間的流逝和事物的流逝。我們自以為擁有的，都是終將逝去的身外之物。只有與別人共同分享，讓這些完整，從而體現出這些事物的真正價值：我雖然將杯子送給曼了，卻擁有了保存在曼那裡的所有關於杯子的美好回憶，也因為曼擁有了我的杯子而擁有了曼的友愛。

青春會逝去的，不如將其送給詩歌；愛情會逝去的，不如將其送給婚姻；心情會逝去的，不如送給朋友一起分享；往事會逝去的，不如將其送給南風……所有的一切都會逝去的，不如送人。

蓮心智慧之超然：閒居無事可評論，一柱清香自得聞。睡起有茶饑有飯，行看流水坐看雲。

用愛，妳可以得到全世界

聖經上說，愛是恆久忍耐，又有恩慈；愛是不嫉妒，愛是不自誇，不張狂，不作害羞的事，不求自己的益處，不輕易發怒，不計算人的惡，不喜歡不義，只喜歡真理；凡事包容，凡事相信，凡事盼望，凡事忍耐；愛是永不止息。

愛，是我們唯一的信仰。

智德禪師在院子裡種了一株菊花。轉眼三年後的秋天，院子里長滿了菊花，香味一直傳到了山下的村子裡。

來禪院的信徒都不住地讚歎：「好美的花啊！」

有一天，有人開口向智德禪師要幾株花種在自家院子裡，智德禪師答應了。他親自動手挑揀開得最鮮、枝葉最粗的幾株，挖出根送到別人家裡。消息傳開，前來要花的人接踵而至，絡繹不絕。而在智德禪師眼裡，他們一個比一個知心、一個比一個親近，所以都要給。可是這樣一來，沒過幾天，院裡的菊花就都被送出去了。

弟子們看到滿院的淒涼，忍不住說：「真可惜了！這裡本來應該是滿院香味的啊。」

智德禪師微笑著說：「可是，你想想，這樣不是更好嗎？因為三年後就會是滿村菊香了啊！」

「滿村菊香！」弟子聽師父這麼一說，臉上的笑容立刻如菊花一樣燦爛起來。

智德禪師說：「愛也是這樣的，你把愛傾灑在哪裡，就等於你擁有了那裡的一切。」

如果妳愛上一秒鐘，妳就擁有了一整天的幸福時光；如果妳愛上一束陽光，妳就擁有了在內心永不落的燦爛太陽；如果妳愛上一棵小草，妳就擁有了內心的遼闊草原；如果妳愛上一條小溪，妳就擁有了內心波瀾壯闊的大海；如果妳愛上一朵花，妳就擁有了千嬌百媚的春；如果妳愛上一個人的笑容，妳就擁有了人世間最美妙的幸福。

用愛，妳可以得到全世界。

蓮心智慧之大愛：人生如花，而愛便是花的蜜。

電子書購買

國家圖書館出版品預行編目資料

人生多麼痛苦，妳為何還沒頓悟：手握《金剛經》勇闖職場、心持《法華經》攜手相伴，讓佛學結合生活，賜予生命自由 / 廖靜白，荷小她 編著 . -- 第一版 . -- 臺北市 : 崧燁文化事業有限公司 , 2022.11

面； 公分

POD 版

ISBN 978-626-332-881-5(平裝)

1.CST: 佛教修持 2.CST: 生活指導

225.87　111017655

人生多麼痛苦，妳為何還沒頓悟：手握《金剛經》勇闖職場、心持《法華經》攜手相伴，讓佛學結合生活，賜予生命自由

臉書

編　　著：廖靜白，荷小她

發 行 人：黃振庭

出 版 者：崧燁文化事業有限公司

發 行 者：崧燁文化事業有限公司

E-mail：sonbookservice@gmail.com

粉 絲 頁：https://www.facebook.com/sonbookss/

網　　址：https://sonbook.net/

地　　址：台北市中正區重慶南路一段六十一號八樓 815 室

Rm. 815, 8F., No.61, Sec. 1, Chongqing S. Rd., Zhongzheng Dist., Taipei City 100, Taiwan

電　　話：(02) 2370-3310　　傳　　真：(02) 2388-1990

印　　刷：京峯彩色印刷有限公司（京峰數位）

律師顧問：廣華律師事務所 張珮琦律師

定　　價：350 元

發行日期：2022 年 11 月第一版

◎本書以 POD 印製